老舗企業に学ぶ「儲かる仕組み・人をつくる仕組み」

どんな危機にも打ち勝つ100年企業の法則

TOMAコンサルタンツグループ代表／公認会計士
藤間秋男
Akio Toma

PHP

目次

第2章 困難を乗り越えられる企業とは？

第3章 すべては社長次第

第4章 儲かる仕組みをつくる

第5章 人を残す会社は発展する

第6章 次世代にどうバトンを渡すか

第7章 ホールディングカンパニーで次世代につなぐ

装丁――印牧真和

序章

日本人は一〇〇年企業を創るのが得意

■日本は「一〇〇年企業」が世界一多い国

日本にはたくさんの「一〇〇年企業」があります。その数は世界一と言われています。各国とも正確な数字は把握されていませんが、帝国データバンク史料館ガイドブック『老舗─温故知新─』によると、日本で一〇〇年以上続いている会社は、二万社以上あるそうです。さらに長寿の二〇〇年以上の会社は一二四一社、五〇〇年以上の会社は三四社となっています。

一〇〇年企業が日本の次に多いのは、イギリスとドイツとされていますが、二〇〇〇社程度とのことです。二番目に多いといっても、日本の一〇分の一ほどです。ヨーロッパには、老舗企業はたくさんありますが、日本よりはるかに少なく、また、アメリカに至っては、歴史が浅い国であることから、老舗企業が少ないのが実状です。

ちなみに、四〇〇〇年以上の歴史を持つ中国とインドをみますと、二〇〇年以上の会社は中国が九社、インドは三社だそうです。

「一〇〇年企業」「二〇〇年企業」は、言うまでもなく一〇〇年、二〇〇年という長い歴史を生き抜いてきた企業です。その間には、様々な激変や危機がありました。遡ってみますと、数年前の二〇〇八年にはリーマンショックという世界的な経済危機がありました。二〇年ほど前には日本はバブル崩壊という危機を経験しています。さらに遡って、六〇～七〇年前には第二次世界大戦、九〇～一〇〇年くらい前には第一次世界大戦がありました。

もっと遡れば、日露戦争、日清戦争、明治維新などもありました。

こうした様々な危機を乗り越えてきた企業が、今日まで一〇〇年、二〇〇年と続いている老舗企業です。「一〇〇年企業」が世界一多い日本には、危機対応力の高い会社がたくさんあるということです。

ここでの数字には含まれていませんが、街のタバコ屋さんなども一〇〇年を超えている店があります。会社組織にはなっていない飲食店もあります。こうしたお店も含めれば、日本にはさらに多くの「一〇〇年企業」があると言っていいでしょう。

■日本人は続けることが得意な民族

日本というのは、続けることが得意な国ではないかと思います。二〇一一年に、イギリスのウィリアム王子とキャサリン妃のロイヤル・ウェディングがあり、世界の人々が祝福しましたが、イギリスでは一つの王家が続いてきたわけではありません。イギリスに限らず、ヨーロッパ各国では、前の王朝を倒して次の王朝が生まれてきました。中国でも、前の皇帝一族が倒されて、次の皇帝が生まれています。王朝に連続性のない国が多いのです。

日本の場合は万世一系で、天皇家は一二五代続いています。他の国と異なり、続けることを大切にする精神・文化が根付いているのではないかと思います。

「続けることができる」ということは、別の言い方をすれば、国民が危機を乗り越える力を持っているということです。この力を生かせば、国は永遠に続きますし、企業も末長く存続できるはずです。

東日本大震災は、日本にとっては一つの試練となりました。大震災で多くの企業が被災し、多くの方が塗炭《とたん》の苦しみを味わっています。しかし、私は、大震災をきっかけに、日本は再び、とんでもなく良い国に生まれ変わると信じています。

これまでにも、戦争をはじめとして数々の困難を日本国民は乗り越えてきました。関東大震災では一〇万人の方が亡くなっています。第二次世界大戦では、三一〇万人の方が亡くなりました。それでも、日本は復興を果たし、世界第二位の経済大国にまでなったのです。日本とは、そういう力を持った国です。危機に瀕すると、みんなが目覚め、行動を変え、これまで見せなかったような高い能力を発揮し始めます。今回の危機も、必ず乗り越えて、さらに強い企業が生まれ、さらに良い国に変わっていくと私は信じています。

■他社への思いやりがあるから長く続けられる

日本には、なぜこれほど一〇〇年企業が多いのでしょうか。それは、日本人が続けることが得意だというだけではなく、どの会社も、自分の会社だけが生き残れば良いという狭量な考え方をしてこなかったためだと思います。実際、一〇〇年企業の多くは、その取引先もまた一〇〇年企業であることが少なくありません。

つまり、自分の会社だけではなく、仕入先の会社にも、販売先の会社にも発展していただいて、ともに一〇〇年の荒波を乗り越えてきたということです。だからこそ、他の国を圧倒するほどの多くの会社が一〇〇年以上も続いてきたのだろうと思います。自分のことだけではなく、他人を思いやる心。これも、日本人のすばらしい点です。実際、東日本大震災後には、被災者たちは自分が苦しい中にあっても、まわりの人を思いやり、礼節を保って行動していました。その姿を見て驚いた海外メディアの人たちは、世界中にそのニュースを配信しています。

自分だけではなく、まわりの人と手を取り合って、ともに繁栄する道を目指していく。そのようなことが得意な国民であり、それを体現してきたのが、老舗企業と呼ばれる会社です。

老舗企業には、人々を惹《ひ》きつける魅力があり、他者を思いやる心があり、また、多くの困難を乗り越えてきた知恵があります。そこには、私たちが学べる何かがあるはずです。

私は、企業を繁栄させるためには、一〇〇年以上続いている実績を持つ老舗企業から学ばせていただくのが一番ではないかと考えています。

そこで、当事務所のお客様や、私の個人的な知り合いで、一〇〇年続いている会社の社長さんに声をお掛けし、二〇一〇年から二回ほど「つぶれない会社を創るために一〇〇年続く老舗から直接学ぼう」という老舗企業講演会を開かせていただきました。

そこでのお話は、本当に参考になるものばかりでした。後ほど本書で詳しく紹介させていただきます。

一方、私は仕事柄、つぶれていく会社もたくさん見てきました。一〇〇年続いている老舗企業の社長さんのお話を伺っているうちに、つぶれる会社との違いや特徴が、私の中でいっそう鮮明になってきました。

「なるほど、だから一〇〇年続いているのか」とか「なるほど、これじゃあ、つぶれるのも無理はない」といったことが対比されて浮かび上がってきました。

そのような内容も読者のみなさんにお伝えできればと思っています。生き残る会社には、やはり理由があるのです。

■良い形で次の代にバトンタッチする

一〇〇年続く会社の生き残りの理由の具体的な内容については、次章以降に回すとして、一つだけ、どの老舗企業の社長さんも口を揃えておっしゃることをあらかじめご紹介しておきましょう。

それは、

「磨きをかけて、良い状態で次の代に渡す」

ということです。

老舗企業の経営者は、常に「次の世代につなぐ」ことを頭に入れて経営されているのです。

どんなに長生きする経営者でも、自分一代で一〇〇年間経営できるような経営者はいません。二十歳で社長になって、九十歳まで経営を続けたとしても、七〇年間です。どの経営者も、次の代にバトンタッチしなければ、一〇〇年間事業を続けることはできません。多くの場合は、社長として第一線で仕事をするのは、二五年から三〇年くらいです。「次の世代にバトンを渡す」ということを常に考えていないと、一〇〇年続く企業にはなり得ないのです。

ところが、経営者の中には、「そんなこと言ったって、継がせたいんだけど、うちは良いのがいないんだよ」と言っている人も少なくありません。おそらく、良い人材がいないのではなく、バトンを渡すことを前提にしてこなかったため、後継者をうまく育てられていないのではないかと思います。中には、「こうなったら、私一代で終わってもいい」と言っている経営者の方もいます。

一〇〇年企業の社長さんの考え方は違います。就任したその日から、「次に渡す」ということを考えて経営をされているのです。もっと言えば、老舗企業の家系に育った人は、子供のころから「親から受け継いで、子供に渡す」と考えています。

こうした「事業の継続性」に対する認識の違いが、一〇〇年続く企業になるか、三〇年くらいで終わってしまう会社になるかの分かれ目となります。創業者である一代目の社長さんにとっても、老舗企業の「事業の継続性」に対する考え方は、ヒントの一つになるのではないかと思います。

ところで、どの老舗企業の社長さんも「磨きをかけて渡す」とはおっしゃいますが、必ずしも「発展させて渡す」とはおっしゃっていないところもポイントではないかと思います。発展させられるかどうかということは、実のところ誰にもわかりません。戦争、震災など一〇〇年のうちには何があるかわかりません。厳しい時期にバトンタッチをすれば、先代から受け継いだときよりも業績が下がった状態で次の代に渡さなければならないかもしれません。

しかし、業績が下がったとしても、少しでも良い状態で渡すことは可能です。バトンタッチするたびに、どんどん発展していけばそれは理想的なことですが、現実はそこまで甘くはないということを、老舗企業の方々は知っています。社会がどのように変化しようとも、「磨きをかけて、少しでも良い状態にして次に渡す」という考え方は、非常に重要な考え方ではないかと思います。

■四九〇年続くとらやさんの言葉に心打たれた

二〇一一年の老舗企業講演会には、とらやの黒川光博社長をパネラーとしてお招きいたしました。私は、黒川社長の言葉をお聞きして、「さすが、とらやさんだ。だから四九〇年も続いてきたんだ」ということを実感いたしました。

二〇一一年の講演会は、東日本大震災から約三ヶ月後の六月に行いました。私は、大震災を受けてどのようなことをお感じになったのかお聞きしました。

すると、黒川社長は、

「今回の震災で、私の心の持ち方が変わってきました。これまで、どうしようかなと思っていたことを明確にやらないといけない。結論を出して解決しないといけない。そのうちやればいいと思うことも、今やらないとダメなんだと、私の心根《こころね》が変わってきました」

とおっしゃいました。

これこそが、数々の困難を乗り越えてきた老舗企業の経営者の考え方の神髄だろうと思います。普通は、あのような大きな震災があると、「震災で今後の売上がどうなるのか心配だ」とか「これから日本はどうなるのだろうか」などと、不安な点や心配なことが頭をよぎるものです。

しかし、四九〇年続く企業の経営者は違いました。おそらく黒川社長は「どんな手を打ったらいいか」をすぐに考え、しかも、それを明日やるというような悠長な先延ばしはしないで、今日すぐにやろうと決意されたのだろうと思います。

このような考え方ができるかどうかが、危機を乗り越えられるかどうかの大きなポイントであり、一〇〇年、二〇〇年、三〇〇年、四〇〇年と続く企業になれるかどうかの分かれ目ではないかと思います。

■TOMAグループも創業一二〇年

とらやさんのような立派な老舗企業と比べるわけにはいきませんが、実は、私が代表を務めるTOMAグループも一二〇年ほど続いております。

創業は明治二十三年（一八九〇年）で、創業者・藤間秀孝（私の曽祖父）が「司法代書人」の草分けとして開業しました。創業の地は現在の東京国際フォーラムの真向い側の場所に東京裁判所（現東京地方裁判所）があり、その近辺が事務所第一号であったようです。

開業に前後して、運良く不動産登記法、そして商業登記法の施行があり、その流れによって事務所は大いに繁盛し、初代はお抱え車夫付きの人力車に乗っていたようです。

初代に子供がなかったため、事務所の書生であった楠一（私の祖父）を養子として二代目とし、その後楠一の長男・秀夫（故人）が三代目、次いで三男・松男（私の父）が四代目として現在に至っております。

二代目（私の祖父）は見込まれて養子になったほどですからかなり優秀であったよう

で、二代目で司法代書人の業績を大きく伸ばしました。

後に至り、祖父は司法代書人の名称を「司法書士」と改正する法案成立の中心人物として大いに貢献しています。

昔の登記所は申請人が登記完了を数時間待っているのが通例であったようで、そこに目をつけた祖父は、待ち時間の間に、食べ物や飲み物を振る舞ってサービスをしたらどうかと考え、「登記茶屋」というものを事務所の二階で始めました。それが話題を呼んでかなり人気になったそうです。以上はみな父から聞いた話です。

祖父には男の子が三人いましたが、父はその末っ子でした。祖父は、「うちは男が三人いて、みんな司法書士になるのか？　弁護士や計理士（今で言う公認会計士）になるやつはいないのか？」と常々言っていたそうです。

戦時中は、本当に厳しい時期だったようです。仕事はもちろんなくなりますし、戦争にとられてスタッフもいなくなり、祖父が発展させた司法書士事務所は、完全に衰退期に入っていました。

父は昭和三年生まれで、戦争には行かずにすんだため、父が司法書士となって兄から事務所の四代目を受け継ぐことになりました。もし、父の兄がそのまま司法書士事務所を続けることができていれば、父は、弁護士や会計士を目指していたのかもしれません。

■父が危機を乗り越えて、バトンタッチ

私が子供のころに事務所を訪れたときには、スタッフが三人くらいしかいなくて、さみしい感じのする事務所でした。

四代目として兄から受け継いだ父は、戦時中、戦後と続いた最大の危機を、頑張って乗り越えていきました。父はきっと私に対して「良い状態でバトンを引き継ぎたい」と考えてくれていたのでしょう。

やがて父が運営する司法書士事務所は、三〇名ほどのスタッフを抱えるまでになっていました。

ただ、一つだけ、困ったことがありました。それは、私が大学三年生のときに、父からいきなり「おまえは、公認会計士になれ」と言われたことです。

私は、司法書士を継ぐものだと思っていたのですが、いきなり最難関資格の一つである会計士を取れと言われてしまいました。おそらく、父は自分の兄が司法書士事務所を続けていれば、会計士になろうと思っていたのではないかと思います。それを私に託したのでしょう。

とはいえ、いきなり言われても、そう簡単に取れる資格ではありません。大学三年生から、遅ればせながら勉強を始めました。しかしながら、会計士の予備校に行っても、成績は全く伸びませんでした。一〇〇〇人中九〇番とか八〇番といった成績でした。確実な合格圏内は、二〇番以内。四〇番くらいまでなら合格する可能性があります。しかし、八〇番や九〇番では受かる見込みはありません。

合格できたのは、本当に、まぐれでした。

私は、来年の準備のつもりで受けました。私にとって幸運だったのは、その試験が非常に難しかったことです。例年は合格率が七～八％でしたが、その年に限って、合格率が五・七％でした。前年に合格させすぎたため、絞り込んだようです。

試験が簡単な問題だと、できる人はみんなできてしまいます。できない私は、解くことができないので合格できません。しかし、試験が超難問だと、できる人も答えられなくなります。できる人たちは、難問だと思ってあきらめてしまったようです。だから、差がつかなくなって、幸いしました。

今と違って、マークシート式の試験ではありませんので、私は「書き賃くらいはもらえるだろう」と思って、言葉の定義から始めて、知っていることを全部書きました。

きっと書き賃をもらえて合格したのでしょう。予備校に合格報告に行ったら、「ウソを言うな！」と言われて、竹刀《しない》で叩かれたくらいです。

今でも電卓を叩いて計算することが苦手です。一度、事務所で電卓で計算して部下に渡したところ、「所長、やっぱり、間違ってました（笑）」と言われました。「やっぱり」と言われてちょっとショックでしたが、私がいかに電卓が使えないかが現れています。

合格後五年ほど監査法人で勤めた後、開業しました。

司法書士事務所のスタッフは三〇人ほどいました。とはいっても、司法書士と公認会計士では仕事内容が全く違います。お客様を紹介してもらえるわけでもありません。「司法書士を継いだほうが楽だったかな」とも思いました。

初年度の売上は二〇〇万円。会計士としての売上はゼロで、父の事務所から一〇〇万円、残りは出版物などの原稿料が一〇〇万円でした。こうして細々と会計士業務を続けていくうちに、スタッフが三人、五人、一〇人と増えていって、現在は総勢一五〇人ほどになりました。

今は、司法書士ではなく、公認会計士、コンサルタントになっていて良かったと思っています。司法書士のようなコツコツ積み上げる仕事は苦手なほうなので、コンサルタントの仕事のほうが面白く感じます。父は、私のそういう性格もよく知っていて、会計士になれと言ったのかもしれません。

いずれにしても、もし私が父と同じ司法書士になっていたら、おそらく父としょっちゅうケンカしていたでしょう。現在は、父が続けてきた司法書士事務所と同じフロアで仕事をしています。

私の母方の家は、戦前は横浜市の鶴見で呉服屋をやっており、家にエレベーターがあったと言っていましたから、かなり裕福な家庭だったのだろうと思います。しかし、その後、戦争を経てつぶれてしまいました。

その反対に、父方の事務所は、戦争などの危機はありましたが、生き延びて現在に至っています。

こうして、自分の身内の栄枯盛衰を見て実感してきましたので、事業を一〇〇年続けることがいかに難しいかは、私なりにわかっているつもりです。しかしながら、一〇〇年以上続けてきた企業が日本には世界一たくさんあるのですから、続けられないはずはありません。

私たち日本人の中には、続けることが得意な遺伝子がきっと組み込まれているはずです。老舗企業から学び、生き残った企業から学び、続けるノウハウ、生き残るためのノウハウさえ身につけていけば、一〇〇年企業、二〇〇年企業を創ることは必ずできると私は信じています。

第1章

一〇〇年企業はここが違う

■企業は三〇年でつぶれるようにできている

私は、講演などをさせていただくときに、最初に参加者の方の企業がどのくらい続いているのかをお聞きしています。

「五〇年以上続いている会社の方、手を挙げて下さい」

と言うと、会場の中でときどき手が挙がります。手が挙がらないこともあります。たまに、一〇〇年以上続いている企業の方も来て下さいます。次に、

「三〇年以上続いている会社の方、手を挙げて下さい」

と言うと、パラパラパラパラと手が挙がります。三〇年以上続いている会社は、いくつもあるようです。

では、会社というのはどのくらい続くものなのでしょうか。日本経済新聞社が一九九六年に新設法人八万社の行方を調査したところ、存続率は、

一年後　六〇％
三年後　三八％

五年後　一五％
一〇年後　五％

だったそうです。

このデータから見ますと、一〇年続く企業は、五％しかないということです。また、マーケティングコンサルタントの西川りゅうじん氏の調べによると、会社設立後二〇年続く会社は、〇・三九％、設立後三〇年続く会社は、〇・〇二五％程度だそうです。

三〇年続く会社は、実は、ほとんどないのです。二〇〇五年に創業された会社は約一一万社ですから、その数字をもとに計算すると、三〇年後に生き残っている会社は、一一万社中わずか二七社。一一万社のほとんどすべてが三〇年後にはなくなってしまいます。

三〇年間続けていくには、会社は黒字を出していかなければなりません。ところが、日本では黒字法人は約三割しかなく、七割の法人は赤字です。毎年、七割のほうに入ってしまって、ずっと赤字を続けていたら、三〇年間も持つはずはありません。

つまり、会社というのは、だいたい三〇年くらいでつぶれるようにできているということです。

ですから、講演会の会場で五〇年以上続いているということで手を挙げて下さった会社の方は、奇跡的な会社にいると言ってもいいのだろうと思います。
まして、一〇〇年続けるというのは、奇跡中の奇跡です。

■一〇〇年続くには四代必要

一〇〇年続くには、だいたい四代の社長が必要となります。一人が二五年くらい経営して、四代続くと、ちょうど一〇〇年です。

約四九〇年続いているとらやさんの場合は、現在の黒川光博社長は一七代目ですから、平均すると一代約二八年ということになります。だいたい二五年から三〇年が一代の目安といったところでしょう。

二五年というと、四十歳前後で社長になって六十五歳前後まで社長を務めるといったイメージです。そして、自分が六十五歳前後になったときに、四十歳前後の息子にバトンタッチをしていくというような感じになるかと思います。

息子さんがいなければ、娘さんが継ぐということもあるでしょう。あるいは、息子さんへのつなぎのために、ワンポイントで社員の誰かを社長にする場合もあります。また、外から養子にとったり、親族でない有能な人を社長にしたりする場合もあるだろうと思います。

世の中には、一人で長く社長を続ける社長さんもいます。ですが、それでもやはり一〇〇年続けるには、四代くらいは必要になります。

仮に、一人の社長がずっと経営を続けて、五〇年間経営をしていたとすると、息子さんが継いだときに、息子さんはかなりの高齢になっていて、息子さんの代は非常に短くなります。すぐに次の人に引き継がなければならなくなってしまいます。

言い方を変えれば、一〇〇年続く企業を創るということは、「四代続く会社を創る」ということです。もっとわかりやすく言えば、まだ生まれていない自分の曽孫《ひまご》（四代先）にどうやってバトンをつないでいくかを考えながら経営をするということです。

■老舗企業から極意を学ぶ

序章でも触れましたが、当事務所では、これまでに二回、一〇〇年以上続いている老舗企業の社長さんをお呼びして、お話をしていただき、その後にパネルディスカッションをするという会を開いています。

二〇一〇年の第一回目は、講師として、国内で最も多くの老舗企業ブランディングの実績を持つグラムコ株式会社の山田敦郎社長を講師にお招きしました。また、パネリストには老舗企業四社の社長さんにお越しいただきました。

創業後三一一年　㈱にんべん・高津克幸社長（一三代目）
創業後一七六年　㈱千疋屋総本店・大島博社長（六代目）
創業後一六一年　㈱山本海苔店・山本徳治郎社長（六代目）
創業後一四五年　鈴廣かまぼこ㈱・鈴木博晶社長（八代目）
（創業後の年数は二〇一〇年時点）

第二回目は、東日本大震災から三ヶ月後の二〇一一年六月に開催し、講師には、東京商工会議所「中央区老舗企業塾」運営委員長で、明治学院大学経済学部の神田良教授にお越しいただきました。
パネリストには、四社の老舗企業の経営者にお越しいただきました。

創業後約四九〇年　㈱虎屋・黒川光博社長（一七代目）
創業後三四八年　㈱マツモト交商・松本伊兵衛会長（一三代目）

創業後二一九年　㈱安田松慶堂・安田松慶社長（七代目）
創業後一五四年　㈱榮太樓總本鋪・細田眞社長（八代目）
（創業後の年数は二〇一一年時点）

これらの八社が、一代で何年くらい経営しているかを計算してみますと、一八〜三一年くらいでした。乱暴ですが、八社の数字を全部足して単純平均しますと、一代二五・六年となりました。どの社長さんも会長さんも現役ですので、実際にはもう少し長くなるでしょうけれども、だいたい一代は二五年くらいのようです。

では、これらの老舗企業には、いったいどんな経営の極意があるのでしょうか？

■老舗企業の行動パターンは？

老舗企業について研究したわかりやすい本があります。横澤利昌さん編著の『老舗企業の研究―一〇〇年企業に学ぶ伝統と革新』（生産性出版）という本です。

同書の中に、老舗企業を対象としたアンケートがありました（三三ページ、図１参照）。

それによりますと、老舗企業が創業以来「変えていないもの」と「変えているもの」がはっきりとわかります。経営理念（家訓等）とのれん（屋号・ブランド名）は、ともに五割強の老舗企業が、ほとんど変えていません。

それに対して、生産技術、販売方法、販売エリア、顧客、仕入先、事業内容、商品・サービス内容は、八割以上の老舗企業が変えています。ほとんど変えていないという会社は、二割未満です。

これらをまとめてみますと、老舗企業に見られる共通点は、家訓（理念）とのれんは、守り抜くけれども、商品・サービスや事業内容は、時代に合わせてどんどん変えていくということになります。

時代が変われば、それに合わせて、経営の要素を変えていかなければならないのは当然のことと言えます。ですが、どの時代にも通ずる理念や家訓などの本質的なものは、守り抜いています。それが一〇〇年続く老舗企業の特徴です。

麸《ふ》、ゆば専門店で、三二〇年以上続く京都の老舗・半兵衛麸の玉置辰次会長の次の言葉が、このことを象徴しているのではないかと思います。

店は老いてはいけない。老舗だと思うな。新舗《しんみせ》と思えとの思いで、家訓を守り、本質は変えずに、常に新しい商いをしてきた。一代一代が新しい店を創るべきで、車両

図1

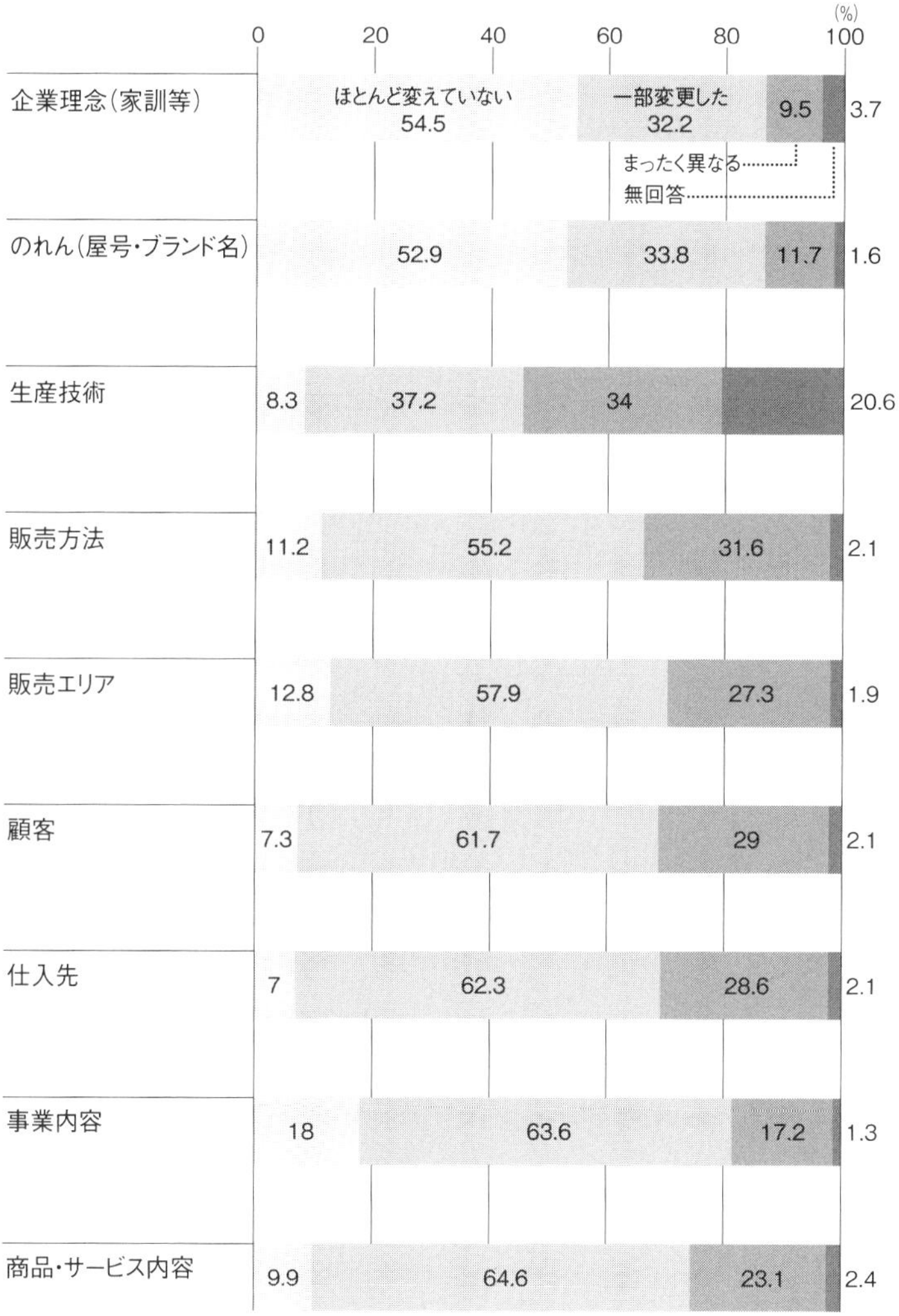

出典:『老舗企業の研究――一〇〇年企業に学ぶ伝統と革新』(横澤利昌編著、生産性出版)

と一緒だ。車両がつながっていても連結しているだけで、その連結が家訓の「先義後利」だ。

■老舗企業の経営は「コマ経営」

老舗企業の経営の極意を図にすると、「コマ経営」として表すことができます（図2参照）。おもちゃのコマは、軸を中心にしてバランスを保ちながら回っています。軸（心棒）となるのは、経営理念・家訓・のれんです。これはぶれてはいけません。時代がどのように変わろうとも、経営者が代々受け継いでいくものです。

一方、コマの上のほうの部分は、変えていくべきものです。こちらはダイナミックに事業を展開していくエネルギーで、時代とともに変えていく事業内容・販売方法などです。

コマの軸の部分は、求心力を働かせるもの。家訓や理念で社員の求心力を高めていきます。一方、コマの上の部分は遠心力を働かせる部分です。時代環境に合わせて、次々と変化させていくことが大切になります。

軸がしっかりしていて、上の部分に十分な遠心力が働いたときに、コマは安定してグルグルと回り続けます。一〇〇年、二〇〇年と企業を回転させるには、このコマのようなイ

図2　コマ経営と結束力

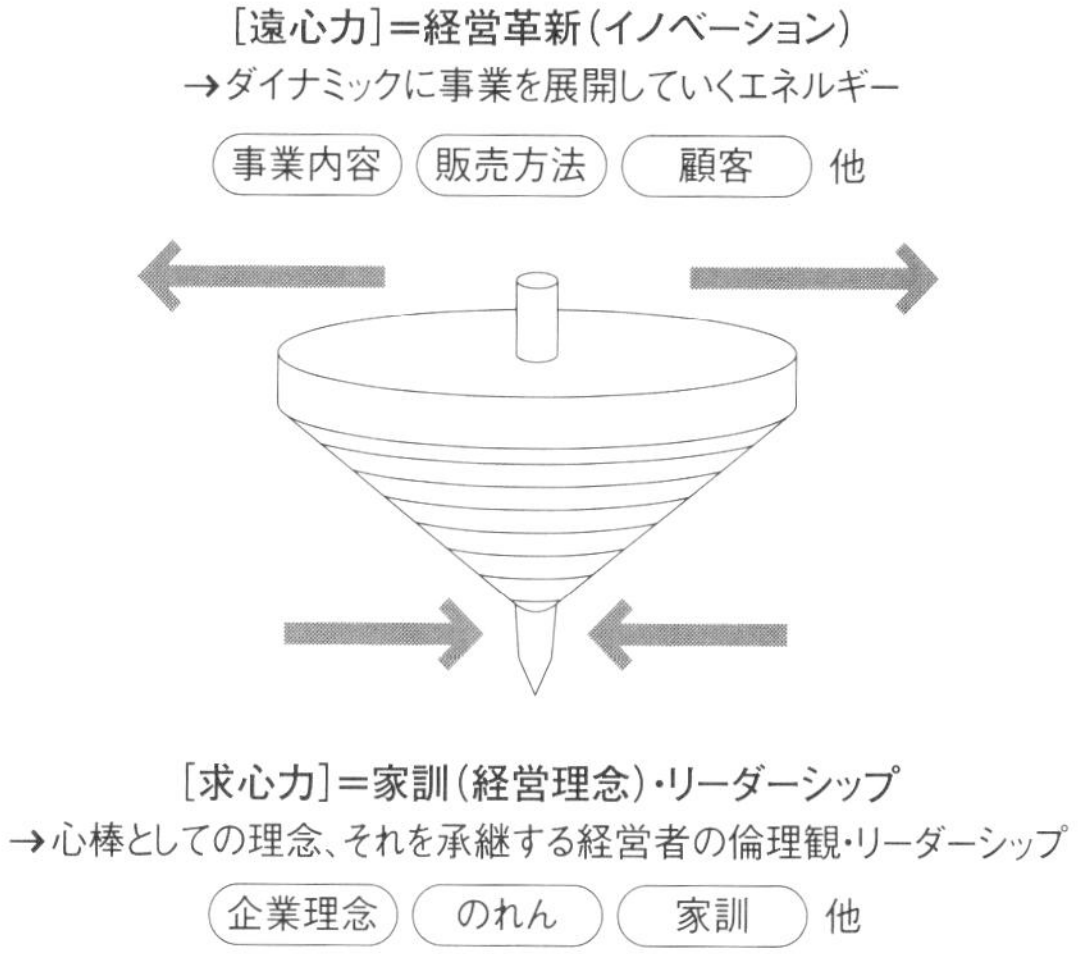

メージを持っておくことが重要と言えます。

では、具体的に老舗企業がどのように経営しているのかを見ていきたいと思います。

■老舗企業は、家訓や理念を徹底的に大切にする

二八ページで、企業が一〇〇年続くには、四代が必要だと述べました。ここで考えていただきたいのは、一代目と四代目の年齢差です。「曽祖父」と「自分」の関係だと思ってもらえばわかりやすいでしょう。曽祖父に会ったことはないという方はたくさんいらっしゃるのではないでしょうか。

私は五代目ですが、二代目だった祖父と会ったことはありませんし、その上の創業者と

ももちろん会ったことはありません。通常は、一代目と四代目は、年齢がものすごく離れていますから、まず接点はないのです。

そこで、一代目と四代目がつながるためには、「経営理念」や「家訓」といったものが極めて大切になってきます。先ほどご紹介した半兵衛麸の玉置辰次会長の言葉でも、「その連結が家訓」と語られています（三二～三四ページ参照）。

経営理念とは、自分が大切に思っていること、つまり自分の思いです。その思いをずっと受け継いでもらいたいと願って、残しておくのです。

一〇〇年続いている老舗企業は、どの会社もみな、家訓や経営理念を非常に大切にしています。それを代々受け継いで、次の代にバトンタッチしています。

■老舗企業は、こんな家訓や理念を持っている

では、老舗企業が具体的にどのような経営理念や家訓を守り続けているのか。老舗企業講演会でお話しいただいた会社の中から、いくつかの例をご紹介します。

鰹節《かつおぶし》で有名なにんべんさんの経営理念のもとになっているのは、「ミツカネにんべん」という考え方だそうです。「鰹節を使うお客様」「鰹節を創る人」「鰹節の商いをする人」

の三者がいることで、商売をさせていただいているという考え方で、それを江戸時代から続けていらっしゃいます。近江商人の「三方よし」に近い考え方です。

それが、現在のにんべんさんの経営理念に発展し、顧客の立場になって仕事をする、社員の生活向上に努力する、我が社の成長と安定に全力を尽くす、ということを繰り返し社員に教育しているそうです。「顧客の利益」「社員の利益」「我が社の利益」が常に一致する経営を行うことで、より広く社会に奉仕しようという理念です。

おいしいフルーツで有名な千疋屋さんの場合は、店是（社是）と家訓を持っています。「一、客。二、店。三、己」といった非常に簡単なものです。この店是においては、順番が一番重要だそうです。言うまでもなく、お客様が第一。二番目は、仲間の従業員のことも含めた店のこと。最後が自分、というわけです。

また、千疋屋さんを代々経営してきた大島家の家訓として、「驕《おご》ることなかれ、焦《あせ》ることなかれ、欲張ることなかれ」というものがあり、それが引き継がれてきているとのことです。

山本海苔店さんは、「おいしい海苔をお客様に提供する」ということを大切にされています。「美しい味」をお客様にお約束するとともに、社内外で何事を決めるにも、お客様においしい海苔を提供できるかどうかということを判断基準にして決定されているそうです。

また、家訓的なものとしては、二代目が日々書き留めていた和綴本があり、それが代々受け継がれています。現在の山本徳治郎社長も、三十歳くらいのときに先代に呼ばれて、「これを読みなさい」と言われて、渡されたそうです。中にはごく当たり前のことが書かれているそうですが、後を継ぐ者にしか見せない門外不出のものということで、それを目の前で見せられたときは、気が引き締まったそうです。山本社長は、自分が後を継ぐんだという気持ちが高まり、大変なものを受け継ぐんだということを自覚したとおっしゃっています。

このように、老舗企業は、理念や家訓というものを大切にしていて、それを代々受け継いでいます。理念や家訓が中核となることによって、四代、五代、六代と続いていっても、ぶれることのない経営が出来上がっているのだろうと思います。

■理念を守る一方で、改革を続ける

理念や家訓の承継は、老舗企業にとって最も大切なことの一つです。

その一方で、老舗企業は、常に改革を続けています。

とらやさんは、理念の教育を徹底しており、ことあるごとに、理念の教育をしているそうですが、その一方で、黒川光博社長は「伝統とは革新の連続である」とおっしゃっています。常に、変えるべきところは変えているのです。

とらやさんは、静岡・御殿場の五〇〇〇坪の敷地に、一五〇〇坪くらいの大きな工場を持っています。一度、見学させていただいたことがあるのですが、そこに若い人を集めて「何でもいいからおいしいものをつくりなさい」と言って、新商品開発を行っていました。水のきれいな御殿場で、若い人に自由に新しいおいしいものをつくらせようとしていました。

とらやさんには、羊羹《ようかん》という看板商品があります。新しい商品をつくらなくてもおそらく成り立つのではないかと思います。しかし、創業から四九〇年続いている超老舗企業は、新しいことに次々とチャレンジしているのです。

私は、老舗企業講演会のときに、そのことをとらやの黒川社長に聞いてみました。すると、黒川社長は、「特別なことをしているつもりはなくて、当たり前のことをしているだけだと思っています」とさらっと、おっしゃいました。

ここが一般企業と老舗企業の違いです。創業二〇～三〇年くらいの会社の中には、創業時代と同じ商品にいつまでもこだわっている会社があります。もちろん、看板商品をないがしろにする必要はありませんが、しかし、二〇～三〇年も経つと社会の環境は全く変わっているはずです。それなのに同じことをしていたら、やがて商品は売れなくなってしまいます。そういう企業は、三〇年という節目を超えることができずに消えてしまう可能性が高いでしょう。

一方、とらやさんのような老舗企業は、次から次へと革新を続けています。とらやさんは、六本木ヒルズ、表参道ヒルズ、青山で「TORAYA CAFÉ」というカフェをオープンし、和と洋を組み合わせた和菓子のケーキのような新しいものを出しています。

鈴廣かまぼこの鈴木博晶社長のお話も心に残りました。鈴木社長が若いころのことですが、先々代が「老舗にあって、老舗にあらず」という言葉を万年筆で紙にさささっと書いて、渡してくれたそうです。その深い意味と、孫への愛情が伝わってくるようなエピソードです。

鈴木社長は、「伝統を大事にしろ、ただし、革新をしろ」という意味として受けとったそうで、この言葉をとても大切にされていて、革新を続けています。ただ、鈴木社長は、「老舗」という言葉については、自分で言うものではなく、人様が評価して下さる際に使われる言葉だとして、対外的に「老舗」という言葉を使うことはないそうです。

それにしても、この「老舗にあって、老舗にあらず」という言葉には、実に深い意味があるように思えます。

■老舗企業は最先端商品を日々開発

老舗企業は、新しい商品を開発し続けています。先ほどご紹介したように、とらやさんは、御殿場の大きな工場で、日々新商品の開発に取り組み、都心の「TORAYA CAFÉ」では、新しい商品をたくさん出しています。

山本海苔店さんも、自社の強みを生かしながら、全く新しい商品づくりに取り組んでいます。飴《あめ》で有名なカンロさんとパートナーを組んで、海苔をおつまみのようにして食べる商品を開発して、「海苔と紀州梅のはさみ焼き」「海苔とラー油のはさみ焼き」として発売しています。

にんべんさんは、鰹節でつくっただしのおいしさを楽しんでもらうために、東京・日本橋のコレド室町に新しい店舗をオープンしています。「日本橋だし場（NIHONBASHI DASHI BAR）」という名前で、「一汁一飯」をテーマにして、かつお節だし、汁物メニュー、かつぶしめし、おにぎり、お惣菜などを提供しています。立ち飲みで、みそ汁などの様々な汁物を飲むことができ、とても賑わっています。

鈴廣かまぼこさんは、かまぼこの原料である魚にこだわり、「サカナのちから」というサプリメントを開発しています。かまぼこをつくるときには、魚をすり身にしますが、かまぼこをつくるだけではなく、すり身を酵素分解して、サプリメントを開発したのです。魚の持つたんぱく質の力をサプリメントに閉じ込めたような商品です。天然素材を原料にしていますから、安心安全を求める現代のニーズにも合っています。

飴などで有名な和菓子の榮太樓さんも、新しい商品をいくつも開発しています。デパートで見て驚いたのですが、飴がまるでインテリアのようにして飾られています。化粧品ではないかと思えるようなきれいな飴もありました。また、飴の一つひとつにアルファベットの文字が刻んであり、並べてメッセージをつくることができる飴もありました。老舗というイメージは全くなく、最先端ファッションという感じでした。

ここでご紹介したのは一例ですが、それぞれの老舗企業のホームページを見ていただくと、「えっ、老舗企業がこんな商品をつくっているの?」と驚くような画期的な商品がたくさんあることがわかるのではないかと思います。老舗企業ほど、どの会社よりも最先端のことをやっているのです。

「老舗企業は、昔ながらの商品をいつまでも売っているだけ」と思っていたら、大きな間違いです。伝統と味は徹底的に守るけれども、どこにもない新商品の開発や新しい販売方法の開発には、ものすごく力を入れています。常に革新を続けてきたからこそ、一〇〇年も二〇〇年も、生き残ってきたのです。

少し想像を膨らませていただくと、実感としてわかるのではないかと思います。

ここでご紹介したとらやさんは室町時代、他の七社は江戸時代から続いている老舗企業ばかりです。武士の世だった室町～江戸時代、近代化を進めた明治時代、第二次世界大戦直後の焼け野原の時代、戦後の高度成長期、そしてインターネットの発達した現代。それぞれの時代に、同じ商品を同じやり方で売っていたとしたら、果たして生き残ることができていたでしょうか。

■守りに入ったら負ける

老舗企業が革新（イノベーション）を続けている一方で、一〇〇年も経ていないのにすでに守りに入ってしまっているような会社もあります。

守りに入ってしまった社長を見ると社員は希望を失います。「ああ、うちの社長は新しいことをするつもりはないんだな」ということがわかって、優秀な社員は「先が見えてしまった」と思って辞めていきます。

三四ページでご紹介したように、企業の経営は、コマと同じです。立ち止まってしまった瞬間から、コマは回転しなくなり倒れてしまうのです。コマを倒さないように安定させるには、じっと止まっていようとするのではなく、回転し続けることを考えないといけません。

次々と新しい商品やサービスを生み続けていくことによって、コマはバランス良く回転をし、安定した状態を保つことができます。

にんべんの高津社長が面白いエピソードを紹介してくれました。

これまで、新しい商品を開発したのは、養子の方が多かったそうです。新しい血が入ったときが転機となったことが多いようです。江戸から明治に時代が移るころ、にんべんさんは、商品券のようなものを出しました。今では当たり前になっている商品券ですが、当時としては、画期的なものでした。

これによって、先にお金を出してもらうことができるようになり、資金が潤沢になり、商売がまわっていくという好循環ができたそうです。この商品券が、明治維新の激動期を乗り越えるための大きな力になったといいます。

商品だけではなく、販売方法についても、常に新しいことに取り組んでいくことが、老舗企業を強くしてきたのだろうと思います。

新しい血を入れてでも、新しいことに取り組んで、コマを回し続けてきたのが老舗企業です。

■商品に徹底的にこだわる

鈴廣かまぼこさんは、一四〇年を超える歴史の中では、かまぼこ製造と大きく離れたことにもチャレンジしたことがあったそうです。しかし、それらはみなうまくいかなかったといいます。以来、突拍子もないことはせずに、強みであるかまぼこに関係のあることに徹底的にこだわって、事業を続けてきています。

四二ページでご紹介したサプリメント「サカナのちから」も、全く異なる分野ではなく、かまぼこ製造過程の魚のすり身を生かした商品です。

そのかまぼこの世界でも、近年は、新しい動きが出てきました。仙台では笹かまぼこが人気となり、それが全国に広まり、今では、全国のいろいろなところで、笹かまぼこがつくられています。鈴廣かまぼこ発祥の地である神奈川・小田原にも笹かまぼこをつくっているところがあります。

私は一度、「笹かまぼこはつくらないいんですか？」とお聞きしたことがありますが、鈴廣かまぼこさんは「うちが、それをやったら意味がないんです」とおっしゃいました。自社の商品に対するこだわりは、ものすごいものだと感じました。

よく「素材へのこだわり」「味へのこだわり」「品質へのこだわり」など、「こだわり」という言葉が使われます。居酒屋に入っても、「素材へのこだわり」などという言葉を見かけます。しかし、老舗企業のこだわりは半端なものではありません。徹底的にこだわり続けています。どこまで本気でこだわっているのかという点も、老舗企業から学ばなければいけない点ではないかと思います。

「老舗企業は、ブランド力があるから強い」と思われがちですが、単にブランドに頼って商売をしているような老舗企業はありません。山本海苔店の山本徳治郎社長が先代からよく言われていたという次の言葉がそれを象徴しています。

「のれんで売ってはいけない。商品で売れ」

商品の品質を徹底的に良くしていくことが、お客様の信頼を勝ち取るただ一つの道なのです。

■お客様を徹底的に大切にする

千疋屋さんの商品は、おいしいフルーツです。今は冷蔵庫も発達し、空輸などもできる時代になりましたが、昔は冷蔵庫も空輸もなく、フルーツの品質管理はとても大変でした。江戸時代には、地方で穫れた果物は船で輸送されていましたので、何日も日数がかかりました。

果物には食べ頃というものがありますから、お客様に喜んでいただくためには、ちょうど食べ頃のときにお届けしないといけません。そのため、千疋屋さんでは、果物がまだ堅い状態のうちに収穫していたそうです。「食べ頃のときにお客様にお届けする」というのは、今なら当たり前かもしれませんが、冷蔵庫もクール便もない江戸時代から、お客様に一番おいしいものをお届けしようという徹底的なこだわりを続けていたのです。

また、果物の場合は、生ものですから一〇〇個のうち一つはいただけないものも含まれてしまいます。クレームが来ることを想定して、昔から、クレームに丁寧に対応してきたそうです。

並々ならぬ品質へのこだわりとお客様への思いですが、その伝統は今でも続いています。

贈答品の果物の一つが少し傷んでいたと、北海道のお客様から連絡を受けたとき、千疋屋さんの社員は東京からすぐに飛行機に乗って、北海道まで謝りに行っています。ここまでのことをする会社はまずないはずです。

どの会社でも「お客様第一」という言葉が使われていますが、本当にお客様を第一に考えている会社は、それほど多くはないでしょう。

三七ページで見たように千疋屋さんの店是は、「一、客。二、店。三、己」です。千疋屋さんは「一、客」を本気で守り抜いているのです。お客様を大切にすることは、江戸時代からずっと続く千疋屋さんの理念であり伝統です。

創業から二一九年続く仏壇・仏具の安田松慶堂さんも、徹底したお客様重視の会社です。社内の合い言葉は「誠実」という言葉だそうです。お客様に対して、ともかく誠実に対応する。ひたすら「誠実」を追求することで、お客様からの信頼を得て、二一九年も続いてきています。

このように、老舗企業の「お客様を大切にする」という気持ちには、並々ならぬものがあります。

第2章

困難を乗り越えられる企業とは？

■震災時の老舗企業社長の発想法

「一〇〇年企業」は、一〇〇年以上も続いてきたわけですから、数々の危機を乗り越えてきています。というよりも、むしろ、危機をチャンスに変えて伸びてきたといったほうが良いかもしれません。

老舗企業の社長さんたちに、東日本大震災のことについて聞いてみました。すると、こんなことをおっしゃっていました。

序章でもご紹介しましたが、とらやの一七代目・黒川光博社長は、

「そのうちやればいいと思うことも、今やらないとダメなんだ」

とおっしゃっていました。さすがに、とらやさんです。四九〇年以上続いている老舗企業の経営者の発想は、一般的な経営者の発想とは違います。

今回の震災に至る以前にも、とらやさんは、数々の危機を乗り越えてきています。

京都で創業したとらやさんは、代々天皇家に和菓子を献上してきていますが、古くは、豊臣秀吉の時代から朝廷にお菓子を納めてきたとされています。ですから、あの関ヶ原の戦いを経験しているのです。

関ヶ原の戦いでは、豊臣方に属していて落ち延びた武将を、とらや「中興の祖」と言われる黒川円仲さんが、徳川方の捜索からかくまったそうです。

豊臣方から徳川方に権力が移るという激動の歴史的転換期を経験し、さらには、江戸末期から明治時代にかけて、武家の世が終わる時期も経験しています。そして、京都から東京にお遷《うつ》りになった天皇家とともに、とらやさんも東京に出てきました。

黒川社長によれば、京都から東京に出てきたときには、相当なご苦労があったと伝えられているそうです。そのような荒波も乗り越え、さらには、関東大震災や第二次世界大戦も乗り越えて、今日に至っています。

黒川社長のお話を伺って、私が驚いたのは、戦後とらやさんは、喫茶店とパン屋さんをやっていたということです。「とらやさんがパンを売っていたのか」とビックリしましたが、生き残るためにはそれをするしかなかったのでしょう。何が何でも続けていくというその力強さを感じます。

和菓子の榮太樓總本鋪の細田眞社長も、

「うちも、戦後は、喫茶店をやっていた」

と明かしてくれました。材料も手に入らず、つくるものもないので、喫茶店をやっていたそうです。

その榮太樓の細田社長に、今回の震災でどう思ったかをお聞きしたところ、

「この震災で、新しい取引先、新しい仕入先を開拓しようという危機感を覚えた」

とおっしゃっていました。

このように、老舗企業の経営者は、危機に直面すると、まるでスイッチが入ったかのように、いっそう力強くなり、全力で危機を乗り越えていきます。そこが一般の企業の経営者との違いです。

あの巨大な震災を目《ま》の当たりにすると、みんなが不安な気持ちになり、落ち着かない気分になります。そんな中でも、老舗企業の経営者は、次のことを考え、すぐに手を打っていきます。

「明日やるのではなく、今日やっておこうと思った」という黒川社長や、「新しい取引先、仕入先を開拓しようと思った」という細田社長のような考え方ができるでしょうか。

そこが生き残りの最大の秘訣と言ってもいいと思います。

私たちが教科書でしか知らないような歴史をくぐり抜けてきた老舗企業に根付いている経営者の発想法は、本当に参考になるものばかりです。

■震災のせいにする企業も

東日本大震災をきっかけに多くの会社が経営に苦しんでいます。しかしながら、厳しい言い方をしますと、震災を言い訳に使っている経営者の方もいるように思います。被災地から遠く離れた地域の会社で、

「震災があったから売上が下がってしまった」

「あの震災さえなければ、今期は黒字だったのに」

と言っている経営者の方がいますが、それほど大きく震災の影響を受けているのかどうか、疑わしい面があります。震災のせいにしているだけで、震災がなくても、いずれは立ち行かなくなっていたのではないでしょうか。

もちろん、被災地の会社や福島県の会社は、震災と原発事故が原因で厳しい状況に追い込まれたことは間違いありません。しかし、被災地や福島県近隣以外の地域にある会社は、いつまでも震災のせいにしていてはいけないと思います。

世の中には、自責の考え方をする経営者と他責の考え方をする経営者がいます。自責の考え方をする経営者は、「問題の原因は自分にある」と考えて、改善のための努力をしま

す。その反対に、他責の考え方をする経営者は、問題の原因を他者の責《せめ》にします。「震災のせいで……」「不景気だから……」「お客さんの嗜好が変わって……」といったように、他者のせいにしてしまうのです。

確かに、震災や不景気の影響は小さなものではありませんが、震災のせいにしても会社の経営状態が良くなるわけではありませんので、それよりも、早く打つ手を考えたほうが良いでしょう。

■震災後にすぐに必要額を借り入れた企業

私どものお客様の中に、非常に格付けの高い超優良企業があります。震災後すぐに、その会社の担当者の方からお電話をいただきました。

「今の売上が、八割、六割、四割に落ちた場合の、一年間の月別の資金繰りの計画をつくって下さい」

と依頼を受けました。

売上が四割に下がる計画までつくるというのには驚きましたが、震災の影響が読み切れない時期でしたし、計画停電もありましたので、売上がどこまで下がるかは全くわからない状態でした。

事務所のスタッフたちと一緒に、大至急で資金繰り計画をつくりました。シミュレーションしてみますと、売上が四割にまで落ち込むと、五ヶ月か六ヶ月で資金がショートする恐れが出てきました。

先方の担当者にお伝えしたところ、その会社は銀行に連絡して、売上が四割に落ちたときに足りなくなる金額をすぐに借り入れしました。

この対応力とスピードには感心しました。だからこそ、超優良企業でいられるのだろうと思いました。

結果的に見ますと、売上の減少はわずか数パーセントに留まりましたので、無駄な借入にはなってしまいましたが、万一の場合を考えたすばらしい対応だったと思います。

この会社の対応はそれに留まりませんでした。現状よりもさらに損益分岐点を下げて、危機が起こっても対応できるように手を打ちました。間接部門は五日で仕事をしていたところを四日で仕事をして、一日は現場に出るようにとの指示が出されました。

このように、震災直後に矢継ぎ早に手を打っていったのです。

良い会社というのは、震災などの危機的な状況を克服するだけではなく、それをきっかけにしてさらに伸びていきます。

危機というのは、ある意味ではチャンスでもあります。普段なら絶対に通らないようなプランでも通ってしまうことがあります。平常時に、「五日で仕事をしていたのを四日でやって下さい」と言えば、大きな反発を受けるでしょう。しかし、震災直後に「会社にとっての危機ですから、五日で仕事をしていたのを四日でやって、一日は現場に出て下さい」と言われれば、納得した社員も多かったのではないかと思います。

■震災後に社員が使命感を持った企業

震災後に埼玉県のある運送会社が、「うちの会社に送ってくれれば、便を出してお届けします」ということを言いました。

うちの事務所でも、義援物資を東北の被災者の方々に送りたいと思っていたのですが、届ける方法がよくわからず困っていました。向こうの自治体に送ろうとしても、送り返されてくる場合もあり、送った物が被災者の手に本当に渡っているのかどうかさえわからない状態でした。

震災直後は、一般道路や高速道路も復旧していませんし、そのうえ、福島県は放射線量が高いという噂になり、トラック運転手たちも行きたがらなかったと言われています。義援物資を届けたくても、届けてくれる運送会社がほとんどない状態でした。

そんな中で、埼玉県の運送会社が、無料で届けていると知り、ガソリン代を寄付しました。

その後、その会社の社長さんが来て下さって、お話を伺ったところ、最初は運転手さんたちは、みな嫌がっていたそうです。

「なんだよ、全然儲からない話なのに、何でこんなことやるんだ」

という声があちこちであがったといいます。

しかし、東北地方に義援物資を届けて戻ってきた運転手さんの顔つきはすっかり変わっていたのです。

向こうへ持っていくと、みんなが「ありがとう」「ありがとう」と言ってくれて、本当に感謝されたそうです。

運転手さんの中には、

「自分たちは、ただの運び屋だと思っていたけど、自分たちは、本当は『ライフライン』だったんだ。命を運んでいたんだ」

と言った人がいたそうです。

運転手さんたちがすっかり変わってしまって、使命感を持って働くようになったのです。その会社は、震災をきっかけに、社員みんなが熱い気持ちで働くようになり、すごいことになっています。

このように、震災をきっかけに人は変わることができるし、会社も変わることができるのです。

もし、あの巨大な震災を経験しても、何も変わらなかったのだとしたら、そういう人やそういう会社は、おそらく天変地異が起ころうと、何が起ころうと、永遠に変わることはできないと思います。せっかくの変われるタイミングを生かし切れたかどうかが、勝敗の分かれ目です。

この震災をきっかけに変わった企業は、一〇〇年生き残るだけの資質を持った企業と言えます。

■震災で社員からの信頼が高まった会社も多い

震災後にどう動いたかで、その会社の今後はある程度占えます。

ご紹介した会社のように、矢継ぎ早に手を打った会社や、会社を挙げて被災地支援をしたような会社は、今後もさらに伸びていくでしょう。

他にも、震災後の会社の取り組みとして、社員がボランティアで被災者支援に行くことを奨励した会社はたくさんあります。また、会社全体で一生懸命に募金活動をした会社もあります。

こうした取り組みは、会社の直接的な利益にはつながらないかもしれませんが、社員からの会社への信頼・尊敬の念は高まっただろうと思います。社員たちは、自分の会社の動きをよく見ているものです。

危機が起こると、その会社の本当の姿がわかります。社員を大切にしている会社なのか、お客様を大切にしている会社なのか、困った人を助けようとする会社なのか。それらは社員からの信頼を高めるための大切な要素です。この震災を機に、社員からの信頼が高まった会社と、そうでない会社に分かれたのではないかと思います。

私もあの巨大な震災にショックを受けて、何か自分のできることをしたいと思いました。社員とともにフリーマーケットに出店して、その売上を被災地に送りました。また、震災セミナーというものを開催して、震災後の労務管理や補助金申請の方法などを専門家であるスタッフたちがお話をさせていただくこともしました。セミナーは無料でしたが、これを撮影したものをＤＶＤにして五〇〇〇円で販売し、その売上を被災地に送りました。

社員たちは、こうした活動を喜んでやってくれました。それ以外にも、社員たちが進んでやってくれた被災地支援の活動がいくつもあります。私自身も被災地へ行って、ヘドロ掻《か》きをやってきました。

震災後に何をしたかということは、会社にとっても、社員にとっても、とても大事なことだったのではないかと思います。

■震災でスイッチが入った人も多い

うちの社員たちは、震災をきっかけにさらに自主性が高まったような気がして、嬉しい気持ちになりました。

どうしたら被災者を支援できるか、どうしたらお客様を支援できるかを、みんなが自主的に一生懸命に考えてくれました。そこで出てきた提案は、すばらしいものばかりで、ほぼ全部通しました。

ある社員は、元気の出る言葉が書かれたポストカードを探してきました。「信じよう、みんなの力を。頑張ろう、日本。遠くにいても、心は一つ。負けるな、東北」と書かれていました。

また、別の女性社員は、原発事故で苦しんでいる福島県の会津地方に伝わるかわいらしい「起き上がり小法師《こぼし》」を見つけてきました。この「起き上がり小法師」を福島からたくさん購入し、お客様に贈ってはどうかという案を出してくれました。これも、すばらしい提案です。

こうしたみんなのプランを集めて、お客様のお誕生日にポストカードと起き上がり小法師を贈ることにしました。郵送・宅配便代などを合わせても、一五〇〇円から二〇〇〇円でできることですから、費用もそれほどかかりません。

「前向きになれることは全部やろう」といつも言っていますので、社員たちは、「たぶん、こういう案なら通るだろう」と予想して提案してくれたのだろうと思います。震災で苦しんでいるお客様のために何かしたい、被災地のために何かしたいという思いが実現できたことで、社員たちはいっそうやる気になってくれたように感じます。

震災をきっかけにスイッチが入った人、スイッチが入った会社は、少なくないのではないかと思います。それほど大きな衝撃でした。また、私たち日本人には、震災のような大きな危機に接すると目覚めて、危機を撥《は》ね返していく強い力が湧き上がってくるように思います。

■老舗企業は危機でさらに伸びる

東日本大震災は、極めて大きな衝撃で、近年にない大きな危機と言えますが、老舗企業というのは、あの震災に匹敵するほどの大きな危機をこれまでにいくつも乗り越えてきた歴史を持っています。

にんべんさんは、江戸時代に大火を経験しています。当時の江戸は、火事がとても多かったため、にんべんさんは、店舗を燃えない土蔵造りにつくり替えました。そこで土蔵造りに変えたことによって、大正期の関東大震災まで二〇〇年以上、店舗が持ちこたえたそうです。最初のリスクにきちんと対応することによって、次回以降のリスクを回避し、その後の発展に結びつけたのです。

また、明治維新で侍の世の中が終わったときにも、大きな危機を迎えました。殿様や侍が失業して、お金を払ってくれなくなってしまったのです。今の言葉で言うと、不良債権になり、そのうちの多くを回収できなくなったようです。

その危機を乗り越えることができたのは、技術力とアイデア、そしてお客様との信頼関係でした。江戸末期に、鰹節というカビをつける発酵食品の技術を確立し、広めていったことで、お客様の信頼が高まっていきました。さらには、四四ページで紹介しましたように、商品券を発行したことにより、現金を潤沢に保有していました。国の制度がガラリと変わっても、お客様と直接結びついて、お客様の信頼を勝ち得ていたことで、危機を乗り越えることができたそうです。

他の老舗企業の中にも、明治維新の混乱でお金を払ってもらえなくなったり、関東大震災で店舗を消失してしまったり、第二次世界大戦で店舗を消失してしまったりと、数々の困難を経てきた老舗企業がたくさんあります。

また、戦後は売るものがないという大きな危機を迎えたと、とらやさんも、榮太樓さんもおっしゃっています。

こうした危機を乗り越えていけるかどうかが、一〇〇年続く企業になれるかどうかを決めていきます。

ところで、私が驚いたのは、老舗企業の経営者の方々は、東日本大震災が起こる前から「今が一番の危機である」と口を揃えておっしゃっていたことです。震災後は、もちろんどの経営者の方も、危機感を口にされますが、大震災の前年にも老舗企業の経営者の方々は、「今が一番の危機」とおっしゃっていました。

時代が大きく変わりつつあり、日本を取り巻く環境も急速に変化していることをみなさん感じていらっしゃる様子でした。今までの危機よりも、これから始まる危機のほうがさらに大きいはずとおっしゃっていた方もいます。

老舗企業のトップの方々は、どんな環境の時代にも、常に「今が危機である」という考え方で経営されているのかもしれません。「うちは看板商品があるから大丈夫だ」とか「うちには、のれんがある」などとおっしゃっている方は一人もいません。

危機感を持って経営することが、企業を強くし、企業を一〇〇年間続けさせるための秘訣の一つと言えそうです。

■大企業一社との取引のところはリスクが大きい

世の中には、危機感を全く持っていない会社もあります。

ある会社は、大手企業との取引をしていました。取引先は、その大手企業一社。毎年たくさんの仕事を発注してもらっていて、会社は繁栄していきました。

ところが、東日本大震災をきっかけに状況は一変しました。震災後にその大手企業からの発注がゼロになってしまったのです。これでは会社は店じまいをせざるを得ません。

気の毒な気はしますが、しかし、これまで手を打っておかなかったという要素は否定できません。大手企業との取引がある間に、別の企業に営業をかけて、取引先を増やしておくことが必要だったのではないかと思います。大手企業との取引で安心してしまって、新たな取引先の開拓に取り組んでいなかったのでしょう。これでは、自ら危機を招いているようなものです。

もはや「安定」ということを望める時代ではありません。自然災害に限らず、何が起こるか全くわからない時代です。

当事務所でも、最近、大手企業の関連会社で優良企業だった顧問先が五社ほど突然なくなりました。親会社の大手企業に吸収合併されることになり、五社とも解散したのです。

たまたま親会社も顧問先でしたので、冗談で、

「五社分の顧問料をいただけませんか？」

と申し上げたら、あっさりと断られました。当然ですね。

いずれにしても、今ある取引先がずっと続くとは限りませんし、いつ契約を終了されてもおかしくない時代です。それを頭に入れた上で経営をしていかないといけないのです。

もし、大手企業との取引額が会社の売上金額の圧倒的に大きな割合を占めているのだとしたら、一刻も早く手を打ったほうが良いと思います。

昔は、そのようなことをすれば、取引先の心証を害して、取引を打ち切られることがあ

ったかもしれません。しかし、今は系列ということに安穏としていられる時代ではないということは、取引先もわかっているはずです。

取引先に最大限に気を配っているつもりだったのに、取引先から突如契約を打ち切られることもある時代ですから、やはり、何らかの備えをしておくことは重要だと思います。

■一〇〇年企業は長いレンジで経営を考えている

何名もの一〇〇年企業の社長さんとお会いして私が感じたのは、一〇〇年企業の社長さんたちは、危機感を持ちながら経営されているわりには、懐が深いというか、ガツガツしたものがほとんどないという点です。

そして長いレンジで先を見ていました。目先のことだけを考えている経営者の方はおらず、五年、一〇年、二〇年といったスパンで考えているようです。先を見ながら経営を考えているのは、常に、次の世代にバトンタッチするという考え方を持っているからだろうと思います。

その長期的な視点が、事業をする上での良い意味での余裕となり、懐の深い考え方につながっているように思います。

老舗企業は、常に新しい商品を開発し、革新を続けていますが、すべての商品開発がうまくいっているわけではありません。失敗した商品開発も数え切れないくらいあるようです。それでも、長いスパンで経営者が考えているために、失敗をフォローできるような仕組みになっています。

会社をつぶすほどの失敗は困りますが、ある程度の失敗には寛容な会社でないと、社員は新しいことをやろうという意欲を失います。「失敗なんかしたら、社長に怒られ、会社にいられなくなってしまう」と思えば、誰も新しいチャレンジをしようとはしてくれません。結果的に、新商品が生まれることもなく、会社はやがて衰退していってしまいます。

老舗企業は、失敗に対しての寛容さも持っています。

後継ぎにいかにうまく失敗させるかということを考えている老舗企業もあります。鈴廣かまぼこの鈴木博晶社長は、ご自身が失敗を重ねて学んできたといいます。ですから、後を継ぐ息子さんにも、会社をつぶさない程度に損をする経験をさせたいと考えているようです。

老舗企業を継いできた社長さんたちも、初めから何もかもうまくいっていたわけではありません。みな失敗を重ねながら、そこから学んで、すばらしい経営者になったのです。

一〇〇年以上続いてきた老舗企業の経営者の姿勢から見えてくるのは、失敗をある程度許容する寛容さです。それが心の余裕につながり、どんな危機が起こっても、どんな失敗があっても対応していける力を生み出しているようです。

第3章

すべては社長次第

■業界環境が悪くても、儲かっている会社もある

世の中には、「業界の環境が悪いと、会社は儲からない」と思い込んでいる方もいらっしゃいます。

しかし、現実にはそのようなことはありません。顧問契約させていただいている企業の中にも、業界環境は最悪に近い状態だけれども、一定の利益をあげている会社はいくつもあります。

その反対に、環境が良いはずなのに儲かっていない会社も見受けられます。

斜陽産業と言われる業界・業種はたくさんあります。しかし、その中でも利益をあげることはできるのです。

では、業界環境が悪いのに儲かっている会社はどこが違うのか。その反対に、業界環境が良いのに利益をあげられない会社は、どういった会社か。

ズバリ言うと、社長の違いです。

社長が優れた人物である会社は、業界環境が悪くてもきちんと利益をあげています。逆に、社長の能力が低い会社は、業界環境が良くてもつぶれてしまうことがあります。業界

よりは経営者の力なのです。

実は、金融機関もそこに一番注目しています。「良い業界」「悪い業界」という判断基準ではなく、「良い経営者」「悪い経営者」という判断基準です。「良い経営者」であれば、業界環境が悪くても会社は利益をあげられますから、金融機関はお金を貸してくれます。

すべては社長にかかっていると言ってもいいくらいです。

■社長がいつまでも営業をしている会社は伸びない

私がこれまで見てきた会社では、社長がずっと営業をしている会社は伸びない会社が多いと感じました。

社長が営業をやれば、売上も上がりますし、取りっぱぐれもないでしょう。一番確実な方法です。しかし、それでは営業の人間が育ちません。たとえ売上が下がったとしても下の者に任せていかないと、短期的には良くても、長期的に見ると、会社は傾いていきます。

どんなにスーパーマンのような社長でも、一日は二十四時間しかありません。数人の会社なら別ですが、二〇人、三〇人の社員がいる会社で、社長が営業から、経理から、経営判断まで、何から何まで一人でやる時間はとてもないはずです。

私がそういう社長さんに、

「部下の人たちに任せてみたらどうなんでしょうか?」

とお聞きすると、

「いやあ、ダメなんだよ。あいつらにできるわけがない。オレが全部見てないと、何にもできないんだよ」

という返事が戻ってきます。残念ながら、そういう会社は伸びていきません。

■社員に任せてみると何とかなるもの

部下に任せることは、社長としてはとても心配だろうと思います。私も、一〇年ほど前までは、部下に任せるのはとても心配でした。ですが、やらせてみると結構できるものです。

もちろん最初は、腹立たしいこともたくさん出てくると思います。

実は、私は今、ストレスのかたまりです。あらかじめ決めてある手順を踏んでいれば、私の意見でもひっくり返していいと社員に言っているため、場合によっては、実際にひっくり返されてしまいます。

先日も、ある部門に「こうしたほうが良いんじゃないか」と口を出したら、無視されました（笑）。そのときは「この野郎」と思いましたが、よくよく考えてみると、「ああ、こいつら成長したな」という思いが浮かんできます。

昔の私だったら、「何で、オレの言う通りに変えないんだ！」と怒鳴っていたと思います。そうすれば自分のストレス解消にはなったでしょうが、社員はいずれ辞めてしまい、業績は伸びていかなかったでしょう。

私が見たところ、社長にストレスのない会社は、まず伸びていません。社長がストレスを解消し、社員がそのはけ口になっています。社長がストレスのかたまりになったくらいのほうが、会社にとっては良いことなのです。

社員たちに任せて、自分で考えさせると、自然に伸びていくものです。しばらくの間、社長が我慢して、社員たちに任せるという状態を続けていけば、おそらく良い人材が育ってきます。

どの会社にも有能な社員は埋もれています。社員たちは、やがて育っていき、社長の意向を汲《く》んで結構頑張ってくれるものです。

■社長が社員のせいにする会社は伸びない

社長さんの中には「うちは、社員が自主的に考えないんだよ。本当に困ったもんだ」と言っている社長さんがいます。

しかし、振り返ってみていただきたいのは、社長が社員の案をこれまでつぶしてきていないかどうか、という点です。

もちろん、社員がいつも良い提案をするとは限りません。おそらく、ほとんどの提案は大したことのない提案でしょう。長年会社を支えてきた社長から見れば、どんな提案でも「物足りない」と感じてしまうでしょう。

しかし、そこで「これじゃ、ダメだよ」と言って却下してしまったら、もう二度と提案は出てきません。どんなにつまらないと思える提案でも「提案してくれてありがとう」と言わないと、提案は出てこなくなります。そうなれば社員が育つはずもなく、自主的に考えない、困った社員が生まれます。

困った社員をつくり出しているのは、些細な提案を却下してつぶしてきた社長にあるのです。つまらないと思える提案でも歓迎する。そこが社長の我慢のしどころではないかと

図3　HAPPY提案制度とは

スローガン

TOMAを改善提案して皆でHAPPYになろう!!

目的

改善活動により、あらゆる状況や職制、部署における生産性の向上、社員満足度の向上、品質の向上を行います。
結果として、または、直接的に顧客満足度を向上させて多くのお客様から「ありがとう」をもらうTOMAになります。

思います。

うちも、「ＨＡＰＰＹ提案」という提案制度を取り入れています（図３参照）。提案してくれたら、一件につき五〇〇円を払っています。

まだ始めたばかりですが、四〇〇件弱の提案がありましたから、二〇万円程度です。二〇万円のコストで、その中にキラッと光る提案が一つでもあれば、本当にありがたいことです。実際、良い提案がいくつか出てきています。

オフィス内に自動販売機が置いてありますが、提案の中には、「自販機にコーラを入れてほしい」などという提案もあります。自分の好みの飲み物を言っているだけですが、もし、そんな提案でも五〇〇円を払います。

図4　報奨金・目標件数・実績件数

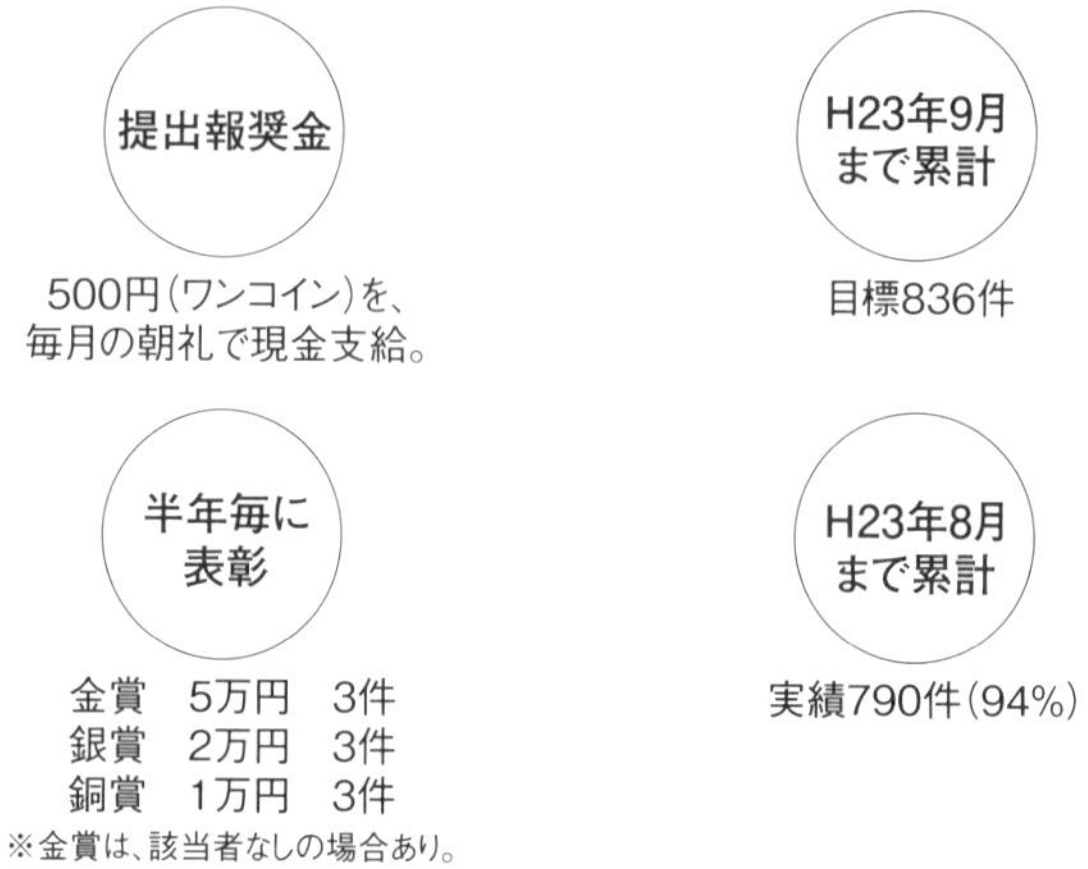
提出報奨金
500円（ワンコイン）を、
毎月の朝礼で現金支給。
H23年9月
まで累計
目標836件
半年毎に
表彰
金賞　5万円　3件
銀賞　2万円　3件
銅賞　1万円　3件
※金賞は、該当者なしの場合あり。
H23年8月
まで累計
実績790件（94%）

まだまだこれから！　戦いは、始まったばかりである!!

こで「こんなのはダメだ」などと言ってしまうと、もう提案は出てこなくなってしまうからです。

　提案をさせれば、玉石混淆の案が出てきて、大したことのない提案のほうが圧倒的に多いはずです。良い提案ばかりが出てくるということはあり得ない話です。しかし、社員のつまらない提案でも、きちんと聞いてあげることが、自主的に提案をする社員を育て、社員からすばらしい提案が出てくる可能性を高めてくれます。

　ちなみに、提案制度を取り入れている会社の方にお聞きしますと、初めのうちはどうしようもない提案がいくつも出てくるものの、そのうちに社員のほうで「これは、ルール違反だろう」という提案を指摘するようになり、あまりにも趣旨とかけ離れた提案は減ってくるそうです。

社員の自主性を引き出し、良い案を出してもらうためにも、社長が社員の些細な提案をいかに我慢して聞いていけるかが重要ではないかと思います。

■今の重役出勤は、社長が社員より先に来る

昔は「重役出勤」と言えば、社員が七時、八時に来ていて、重役が九時、一〇時に出勤するというものでした。

ですが、今は全く逆です。社長が社員の一時間前に出勤することは、もはや当たり前のようになっています。今の「重役出勤」という言葉の定義は、「社員より一時間先に出社すること」です。

いまだに社員よりも一時間遅く出社することが重役出勤と考えている経営者がいたとしたら、完全に時代遅れです。

儲かっている会社で、社員よりも社長が遅く来る会社というのは、私は、ほとんど見たことがありません。

社長は、社員より一時間早く来て、社員より遅く帰る。そして、土日も休まずに働く。

そのくらいの覚悟と行動がなければ、この厳しい時代に利益をあげることなどできないと思います。

なぜ、社長が社員よりも先に来ることが大事なのか。それは、社員全員が社長の一挙手一投足をじっと見ているからです。

一時間も遅く出社していたら、社員からは、「なんだよ。エラソーなことばかり言って、自分はゆっくり出社かよ」と思われてしまうだけです。社長が強く命令すれば、社員は仕方なくやるでしょうけれど、いやいや仕事をするだけで、自ら進んでアイデアを出したり、努力をしたりすることは全く期待できなくなります。これでは、会社が伸びるはずがありません。

大会社は別ですが、中規模くらいの会社の場合、「社員は一日で社長のことがわかる。社長は一ヶ月かからないと社員のことがわからない」と言われます。それだけ、社員の厳しい視線が社長には注がれているのです。

社長が社員よりも遅く来ていると、いずれは、社員がやる気を失い、会社が傾いていきます。昔から、「社長が朝早い会社はつぶれない」とよく言われています。

■社長の器が会社を決める

会社は社長の器次第と言われますが、私はそれを身をもって体験しました。自分の器を変えていかない限り、会社は伸びないと断言できます。

私は、事務所を経営して三〇年になります。八一ページに売上と社員数の推移のグラフを載せています。グラフを見ていただくとわかるように、最初の一〇年は伸びていきました。従業員は約四〇名、売上は四億円台にまでなりました。私の年齢も若かったので、勢いで伸びたようなものです。ＪＣ（青年会議所）の活動もやっていて、事務所の運営を任せたりして、活動していました。

ところが、四十歳になってＪＣを卒業して、事務所の経営に専念するようになってから、全く伸びなくなってしまいました。それから一〇年間も、全く伸びない時期が続いてしまったのです。社員数は四〇人前後のまま。売上も一〇年間四億円台の状態が続きました。その間に決して仕事をさぼっていたわけではありません。あれこれと一生懸命に手を打ったつもりです。しかし、何をやってもうまくいきません。相当に悩みました。

考えられるのは、私の器がそれだけしかなかったということです。私が経営者として運営できる限界は、四〇名、五億円弱だったのです。そのときに、自分の器以上には会社は伸びないということがはっきりとわかりました。

その時期の私は、何でも「オレが、オレが」という感じでした。部下に任せることができなかった。副所長のポストをつくって、副所長に任せ、言うことを全部聞こうと思ったこともありましたが、その副所長も辞めていきました。いっぺんに副所長、部長、次長、課長など五人が辞めました。

本当に苦しい時期でしたが、原因は、すべて自分にありました。たぶん、私が藤間事務所に勤めていても、その当時の私が所長なら辞めていたと思います。

私は、「このままではまずい」とようやく気付き、「自分を変えなければいけない」と決意し、様々なセミナーや勉強会に出るようになりました。

その一つが、日本創造教育研究所のビジョン経営沖縄セミナーでした。そこで、講師の木野親之先生と田舞徳太郎社長から、「経営成功要因の五〇%は経営理念の確立である」と学びました。

木野先生は、パナソニック（旧松下電器産業）の創業者である松下幸之助さんから直接薫陶を受けた偉大な経営者です。「松下幸之助に、一番叱られたのは自分だ」とおっしゃっていました。倒産寸前だった東方電機という会社の経営を任され、松下電器からの財政

図5　売上と社員数の推移

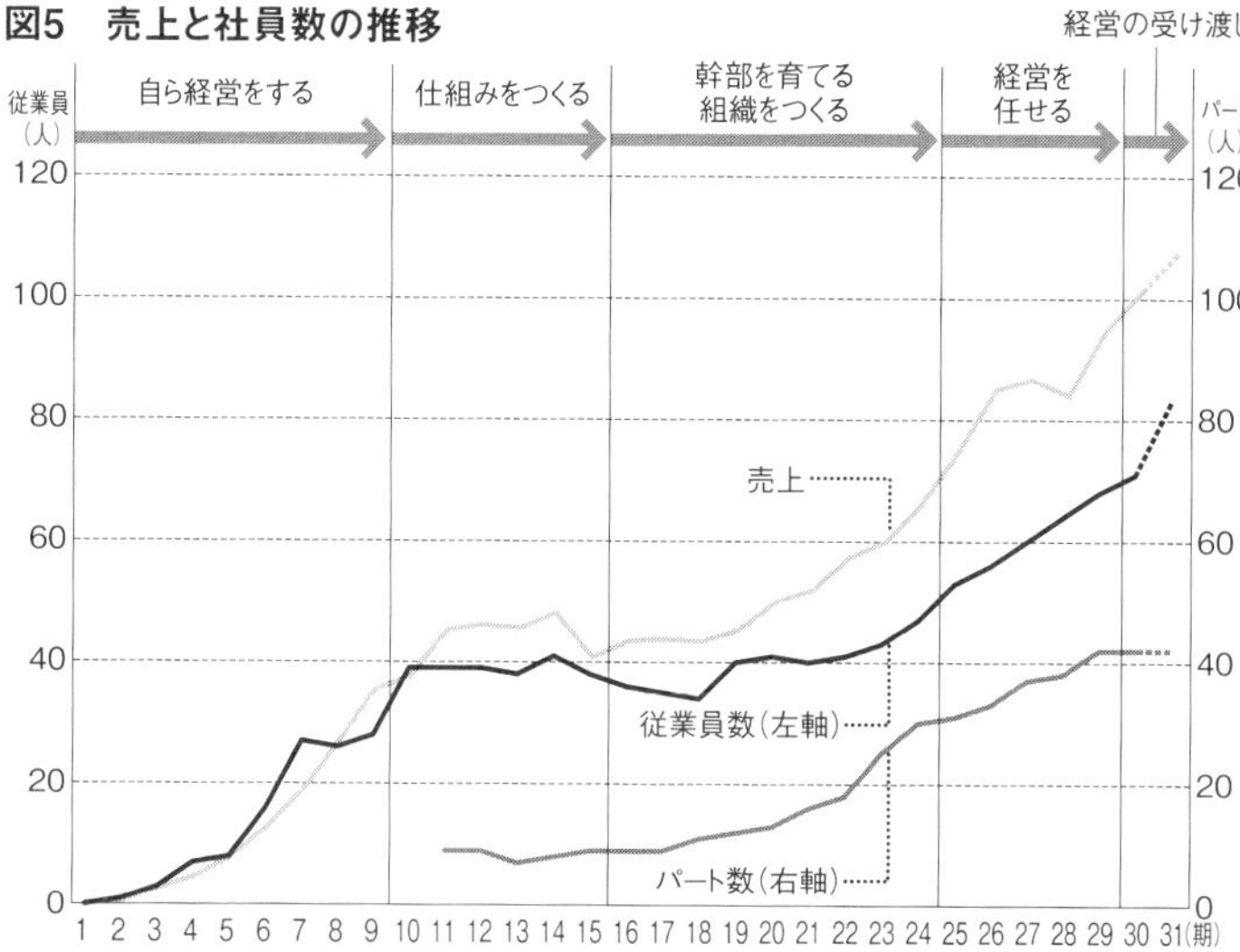

支援なしで会社を再建し、三年後には黒字化しています。

東方電機は、後の松下電送（現パナソニックシステムネットワークス）です。木野先生は、赤字会社をファクシミリ分野で世界一の会社にまで育て上げたのです。木野先生が東方電機を再建した方法が、松下経営理念です。まさに、経営理念によって経営を成功させることを体現されてきた先生です。

私は、経営理念塾に、大阪、東京、大阪と三回通って勉強させていただき、ＴＯＭＡグループの経営理念を確立していきました。そこからは、事務所の経営ががらりと変わっていき、再び、売上と社員数が伸びていくようになりました。

木野先生に出会い、経営理念の大切さを教

えていただいたことが、すべてを変えていきました。経営理念や家訓がいかに大切かは、何度も述べました。第1章でご紹介したように、とらやさん、榮太樓さん、千疋屋さんなどの老舗企業もみな経営理念や家訓を大切にされています。松下幸之助さんは、言うまでもなく、経営理念を最も大切にされてきた方です。

私も、ようやくその重要性に気付き、経営理念を中心とした経営に変えていくことができたのです。

■社長の決意で、経営の体質改善はできる

社長の決意と経営理念で会社が大きく変わった例をご紹介しましょう。

五〇名くらいのメーカーで、赤字体質で資金繰りの悪い会社がありました。一時的にしのぐことはできても、根本的な体質改善をしないと、長期的な発展は望めません。

その会社の社長さんが相談に来られたので、会社を挙げて意識を変えていただくことから始めるプランを提案しました。

まず、社長さんに、

「今日から、社長さんご自身が経営に対する気持ちを変えていただけますか？」

とお聞きしたら、もちろんそうするということでした。次に、

「では、明日から、朝一番に社員よりも早く来て、社員よりも遅く帰る。一日も休まない。社員にはありがとうと言う。これを毎日続けてもらえますか？」

と言うと、実行すると約束をして下さいました。

社長が決意すれば、あとはどんどん変わっていきます。経営理念をつくり直し、ビジョンをつくり直し、社長さんにも社員の方にも、毎日、経営理念とビジョンの唱和をやってもらいました。

働きがいのある会社を創ることを約束していただき、経営計画をつくり、チェックリストをつくって、一つずつ実行していきました。

三年ほどかかりましたが、黒字化を達成しました。この会社は赤字体質から、黒字体質に変わったのです。

すべては、社長さんの決意から始まっています。社長が決意し、自分が変われば、それは社員に伝わっていき、会社全体が良い方向に進んでいきます。

決意は、一日でできます。経営理念とビジョンづくりは、一ヶ月もあればできます。あとはそれを確実に実行すれば、会社は黒字に変わっていきます。

第4章

儲かる仕組みをつくる

■儲かる会社には儲かる仕組みがある

儲かる会社は儲かるように経営しているものです。

ユニクロを展開しているファーストリテイリングという会社があります。ユニクロって、安売り屋でしょうか？

九九〇円のジーパンを売っていますが、デザイン性の高い格好いいジーパンですから、誰も安売りだとは思っていないはずです。付加価値の高い商品を低価格で販売しても、儲かる仕組みができているのです。

一〇〇円ショップのダイソーという会社はどうでしょうか？

何でも一〇〇円で売っています。水差しが一〇〇円、化粧品が一〇〇円、本も一〇〇円で売っています。目覚まし時計まで一〇〇円で売っていて、驚いたことがあります。いったい、いくらで仕入れているのでしょうか。通常、商売をするときには粗利が七割くらいは欲しいものです。物にもよりますが、ダイソーさんの場合は、六割程度で仕入れているそうです。粗利を四割取っているのです。

国内だけで店舗は二五〇〇店以上。一店舗で二つずつ売れれば、それで五〇〇〇個になります。五〇〇〇個売れると思えば、値段を下げてもダイソーさんと取引をしたいと考える会社はたくさんあるだろうと思います。その中から、良い商品だけを厳選して販売しているのです。「安売りだから儲からない」というわけではなく、一〇〇円で売っても儲かる仕組みをつくり上げているところが、すごいところです。

儲かっている会社は、儲かる仕組みをつくり上げています。

■お客様から値引きの要請がありますか？

みなさんの会社では、お客様からの値引き要請があるでしょうか？　また、その値引き要請に応じているでしょうか？

値引き要請のある会社は、他社と差別化できる、絶対的な強みのある商品やサービスがまだできていない可能性があります。いわゆる「コア・コンピタンス」と言われるものです。他社と差別化できるだけのコア・コンピタンスがないと、残念ながら、値段勝負となってしまいます。

どこで買っても同じ商品なら、少しでも安いところから買いたいと思うのは、お客様にとってごく自然な気持ちです。

コア・コンピタンスがないと、値引き要請を受け入れるしかなくなってしまいます。粗利が二割で、ただでさえ苦しいのに、「しょうがないなあ」と言って値引きを受け入れ、粗利を一割にまで削るような例もあります。こういう値引きを私は「首絞め値引き」と呼んでいます。

粗利が少ないのに、これ以上値段を下げてしまったら、そのうち行き詰まってしまいます。値引きを受け入れざるを得ないのは、「どこで買っても同じ」と思われる商品になってしまっている可能性もあるのではないかと思います。

東京・新橋の近くに、一人前五万円もする料理屋さんがあります。しかし、その店はいつ電話を入れても、予約が取れません。いつもお客様で満員なのです。

普通は、一人前五万円というのは、あり得ないような話です。それでも、そのお店はみんなが行きたくて仕方のない店なのです。

ミシュランから星を三つもらえるという話があったそうですが、お断りしたそうです。ミシュランに掲載してもらわなくても、十分にお店が成り立っているからです。圧倒的な強みを持つ商品を持っていれば、値引き競争に巻き込まれずに、事業を進めていくことができるのです。

■売り方で差別化する方法もある

たとえ売っている商品が他社と同じものだとしても、サービスなど別の面では差別化を図ることも可能ですし、取り揃えている商品群や、セット販売などの組み合わせを変える方法もあります。

私たちのＴＯＭＡグループは、公認会計士や税理士、社会保険労務士などを抱える事務所です。

みなさんが税理士に頼むときには、どの税理士に頼んでも、帳簿や決算書や申告書など似たようなサービスをしてもらえます。ですから、税理士は誰でも同じサービスを提供しているというイメージがあるかもしれません。

しかし、差別化しにくいサービスのように思えても、パッケージにすると差別化が可能になります。私たちが提供しているのは、トータル・サポートです。ワン・ストップで、税務・会計の専門家、人事・労務の専門家、ＩＴの専門家など、各分野の専門家がチームになって対応させていただいています。

会計事務所の中には、「トータル・サポートをします」という事務所は他にもありますが、税務・会計相談も、人事・労務相談も、経営相談も、何もかも一人の税理士・公認会計士さんが担当するというようなことが少なくありません。

しかし、実際には、スーパーマンのような人でなければ、一人ではとても無理なほどの専門性を要するものばかりです。

私どもの場合は、各分野にそれぞれ専門的に行っている担当者がついて、チームで対応させていただいていますので、それが差別化となっています。

担当者が、どの分野のことも、すべてをお答えするという形は取っていません。経営相談に伺っている担当者に、お客様が「ちょっとITのことで、相談があるんだけど」と言われたときには、担当者がITの専門家に聞いて、伝言のようにしてお答えするのではなく、直接IT部門の専門家が出向いて、ご相談を受けさせていただいています。

各分野の専門家が相談に応じてくれたほうが、お客様にとって安心できるのではないかと思います。しかも、TOMAの担当者に声をかければ全部揃っているというワン・ストップ・サービスであれば、利便性も高いはずです。こうしたことも、差別化の一つだと思っています。

TOMAグループのもう一つの差別化は、経営理念を持って、事務所を運営しているということです。その経営理念は「明るく・元気・前向き」です。

世の中の税理士・公認会計士さんには、まじめな方が多く、コツコツと仕事をしていて、お客様から見ると暗い感じのする事務所も結構あります。また、税務・会計という性質上、どうしても過去を振り返って後ろ向きになりがちです。そこで、「明るく・元気・前向き」という点は、大きな差別化になると考えています。

明るく、元気のいい社員に、前向きにお客様と接してもらい、お客様にも、「明るく・元気・前向き」になっていただくことが私の願いです。

差別化の方法にはいろいろなやり方があります。商品で差別化ができれば商品で差別化をし、商品で差別化をできなければ、パッケージや、セット販売で売り方を変えたり、アフター・サービスを充実させたりするなど、いろいろな差別化の方法が考えられます。

自社の強みである「コア・コンピタンス」をさらに生かして、他社との差別化をしていくことが、儲かる仕組みをつくり出すことであり、価格競争に巻き込まれないための重要な方法の一つと言えます。

成功するように経営をする

パナソニックを創業した松下幸之助さんは、理念をとても大切にする経営者として有名でした。パナソニックも創業から九〇年を超え、まもなく一〇〇年に達する企業です。
松下幸之助さんは経営成功要因として次のようにおっしゃっていたそうです。

「幸之助は、経営理念が確立すれば、その事業は半分成功したも同じや、とまで言っています」

「幸之助は、絶対的条件である経営理念の確立と必要条件の社員の個性を生かせる環境をつくることができれば、もう八割がた成功したも同じだと言っています。戦略・戦術は、残り二割程度のことでしかないと言うのです」

木野親之『松下幸之助に学ぶ指導者の一念』（コスモ教育出版）
一五六、一五七ページ

私はこの言葉を次のように解釈しています。

「経営理念の確立と浸透　五〇％
社員たちの個性が最大限に発揮できる環境　三〇％
戦略・戦術　二〇％」

経営理念を確立して浸透させると、それで経営者の仕事の半分は成功したことになります。私は、松下幸之助さんの愛弟子である木野親之先生にそのことを最初に教えていただいたとき、とても驚きました。

社員が経営理念を胸に抱き、使命感を持って働いたら、事業が成功しやすくなるというのは、非常に納得のいく話です。

あとは、社員が働きやすい環境を整えていき、戦略・戦術は社員が好きにやったらよい、という考え方です。

ただし、つくった経営理念を社員に確実に浸透させるのは、現実に非常に大変なことで、相当な労力がかかります。

木野先生が松下幸之助さんから聞いた言葉に、次のようなものがあります。

「答えは簡単や。成功した人は成功するようにしたから成功したわけや。失敗した人は失敗するようにしているから失敗するのや」

前掲書一五四ページ

私はこの言葉を次のように解釈しています。

「成功する会社は、成功するようにやっている。
失敗する会社は、失敗するようにやっている」

成功する会社になるためには、一定のノウハウが必要です。木野先生によれば、その中核となるのが、経営理念だということです。

私は、その教えに素直に従って、ＴＯＭＡグループの経営理念をつくり、社員に浸透させるべく努めました。そこからは、事務所の運営が驚くほど変わり、業績が伸びていくようになりました。

自分の実体験として、経営理念のすごさがわかりました。また、八二〜八三ページでもご紹介しましたが、私は、経営相談を受けた会社にも経営理念をつくり直し、それによって、赤字体質の会社が黒字に変わっていった例も見ています。

さらに言いますと、第1章で触れましたように、一〇〇年以上続いている老舗企業はみな、経営理念や家訓を、経営する上で一番大切なものとして、代々守り抜いてきているのです。

ですから、今は、自信を持って言えます。

図6　人生・仕事に方程式あり（稲盛和夫 京セラフィロソフィー）

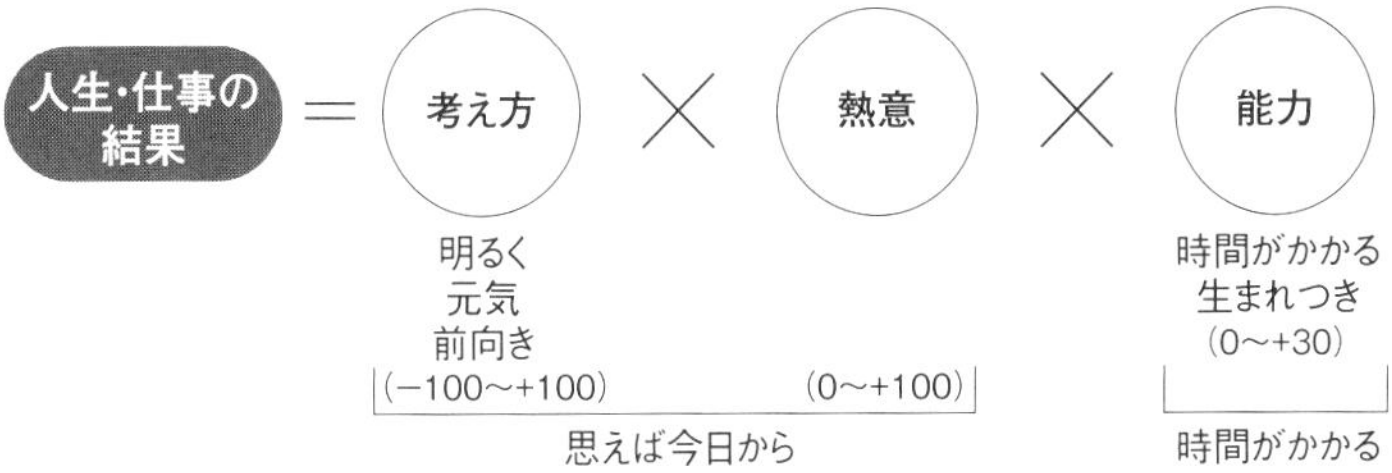

儲かる仕組みをつくる前に、まず経営理念をつくって下さい。経営理念をつくって社員に浸透させて下さい。そうすれば、儲かる仕組みは社員が一緒になって考えてくれます。

■人生・仕事にも成功の方程式がある

京セラ創業者の稲盛和夫さんは、上に掲載した人生・仕事の方程式をつくったことで有名です。

稲盛さんは、人生・仕事の結果は、「考え方」と「熱意」と「能力」で決まると言います。この三つの要素が掛け算になっているところがポイントです。

「熱意」と「能力」は、〇点から一〇〇点で、マイナスになることはありません。ところが、「考え方」には、マイナス一〇〇点からプラス一〇〇点まであります。「考え方」がマイナスだと、「熱意」と「能力」がどれほど高くても、マイナスになってしまうのです。

「考え方」がマイナス一〇〇点に近づくときは、悲観的な「マイナス思考」をしているときや、自分のことばかり考える「私利私欲」になってしまったときなどです。

稲盛さんの方程式に当てはめてみれば、どんなに能力の高い人でも、私利私欲で行動していたら、人生・仕事は大きなマイナスの結果にしかならないということになります。それだけ「考え方」は重要なのです。

経営者はどちらかというと社員の「能力」に目を奪われがちですが、それよりも重要なのは、社員の「考え方」や「熱意」です。社員の「考え方」を支えるものが、会社で言えば経営理念であり、老舗企業で言えば、家訓です。経営理念や家訓が大切なのは、それが大きな結果の違いを生むためです。

また、経営理念や家訓によって社員が使命感を持って働くようになれば、「熱意」も高まってくるはずです。

まずは、会社を率いるトップが「考え方」と「熱意」を変えていくことです。「考え方」と「熱意」は、決意さえすれば、今日からでも変えていくことができるものです。そうすれば、自分も変わり、社員も変わり、会社も変わっていきます。

■利益をあげる三要素とは？

経営理念が確立して、社員に浸透していったら、次は儲かる仕組みを考える段階になります。少しテクニカルなことを言いますと、利益をあげるための要素は、次の三つしかありません。

一　売上アップ
二　粗利益率アップ
三　固定費のダウン

儲かる仕組みを会計面から見ると、このように実にシンプルにできているのです。

しかし、売上アップの方法だけでも、打つ手はたくさんあります。

売上は、単価×個数で決まりますので、売上をアップさせる基本は、「単価のアップ」か「販売個数（客数）のアップ」です。

単価をアップさせる方法としては、値上げをしたり、商品構成を高額商品にシフトしたり、セット販売をしたりする手があります。

販売個数（客数）アップのためには、既存のお客様に何度も買っていただくか、新しいお客様を増やすかどちらかの方法があります。既存のお客様が高齢者中心ならその方々にリピートしていただいたり、あるいは、若い方にも買っていただけるようにしたりする手があります。

また、東京を中心に販売をしていたのであれば、大阪に進出したり、あるいはインターネット経由で海外にお客様を広げていったりする方法もあるでしょう。

■「打つ手」は無限にある

世の中には「儲からない」と言っている経営者の方がたくさんいます。「万策尽きた」とおっしゃる方もいます。ですが、本当に万策尽きたのか、打つ手をすべて打ったのかを考え直してみる必要があります。

倫理法人会をつくった滝口長太郎さんは、次のようにおっしゃっています。

「すばらしい名画よりも、とても素敵な宝石よりも、もっともっと大切なものを私は持っている。どんなときでも、どんな苦しい場合でも、愚痴を言わない。参ったと泣きごとを言わない。何か方法はないだろうか。何か方法はあるはずだ。周囲を見回してみよう。いろいろな角度から眺めてみよう。人の知恵も借りてみよう。必ず何とかなるものである。なぜなら打つ手は無限にあるからだ」

打つ手をすべて打ったかを見直してみて下さい。

具体的な「打つ手」の一例をお伝えするために、私たちは、次のような七分野に分けて「業績アップチェックリスト」をつくっています。

一　売上アップ編
二　粗利益率アップ方法編
三　経費削減編
四　資産の見直し編
五　負債・資本の見直し編
六　銀行対策・その他編
七　経営戦略編

図7　業績アップチェックリスト

[売上アップ編]

項目	内容	検討		対応
客数を増やす	誰に売るのか、顧客のしぼり込みを行う	要	不要	
	何を売るのか、強みの商品を特化して売る（商品別売上目標）	要	不要	
	どこで売るのか（エリア別売上目標）	要	不要	
	売り方を複数に組み合わせる（販売チャンネル別売上目標）①無店舗②代理店③自社店舗他	要	不要	
	広告、宣伝、イベント	要	不要	
	口コミ	要	不要	
	苦情処理（本音のクレーム）	要	不要	
	顧客のニーズ、ウォンツの掘り起し	要	不要	
	リピート客を増やす（月1回来客→月1.5回来客⇨50%up）	要	不要	
	未来客、現在客、過去客に対する増客戦略	要	不要	
	周辺商品の開発とヒット商品の開発	要	不要	
	品ぞろえを豊富に	要	不要	
客単価を上げる	得意先に違う商品を提案する	要	不要	
	商品・サービスアイテム数を増やす	要	不要	
	商品の組み合わせで単価を上げる	要	不要	
	イベントを行う	要	不要	
	売価を上げる	要	不要	
	コストダウン型企業から開発型の企業への脱皮（価格のコントロール権をもつ）	要	不要	
	付加価値商品の開発	要	不要	

出典:『あなたの会社にお金があふれる 金のたまごを生むがちょうの増やし方』（村松達夫著、ユウメディア）

このリストだけでも、Ａ４用紙二五ページ分で五〇〇項目以上の「打つ手」が掲載されています。量が多いため一部（「売上アップ編」）しかご紹介できませんが、前ページに掲載しました。非常に多くの手がありそうだということはおわかりいただけるのではないかと思います。

もし参考になるものが一つでもあれば、手を打ってみて下さい。これ以外にもまだまだたくさんの手があります。まさに「打つ手は無限」なのです。

経営者があきらめてしまったらそれで終わりですから、あきらめる前に、考えられる手を全部打つべきです。

■三〇〇〇万円利益をアップさせた会社も

経営指導をして下さいと言われたお客様に対しては、この「業績アップチェックリスト」をもとに、コンサルティング部隊が話を始めさせていただいています。業績の伸びないお客様に対しても、このリストをお見せして、提案をさせていただいています。そういう意味では、このリストは当事務所の商品でもあるのですが、読者のみなさんの会社でも役に立てていただけるなら、ありがたいことだと思います。

お客様の中には、このリストを忠実にやって下さった会社があります。その会社は、このリストをつぶさに検討していき、できそうな項目を次々とやっていきました。その結果、三〇〇〇万円の利益アップを果たしました。

これをもとに、会社に合った方法をいくつも考えていけば、様々な観点から見直しをしていくことができるのではないかと思います。

会社経営は、ともかくしつこく、しつこくやっていかないといけません。会社が生き残り、一〇〇年続くようにするには、どんなときでもあきらめず、新たな手を考え、しつこくやっていくことが大切です。

繰り返しますが、「打つ手は無限にある」のです。

■震災後にすぐに手を打った会社

東日本大震災の後、社員たちは、すべてのお客様のところへ出向いて、この「業績アップチェックリスト」をお届けしました。

私どもの事務所の理念は「明るく・元気・前向き」ですから、震災のときほど理念にふさわしい行動を我々がしなければいけないと思ったのです。リストの中で何か気になるものがあったなら、それを実行していただければ、お客様が前向きになるための、お役に立てるのではないかと考えました。

　ある会社では、震災後すぐに五〇名ほどの部課長にこのリストをコピーして渡して、「この中から全員一〇項目ずつ、うちの会社で使えそうなものを選べ」と言って指示を出しました。各自が選んだ項目をもとに話し合って、様々な手を打っていったそうです。

　ちなみに、その会社は非常に優良な企業です。優良企業ほど、わずかなヒントでも役立てようと、必死になって取り組みます。その会社は、震災をきっかけに、さらに強くなるのではないかと思います。

　一方、社員たちがリストをお持ちしても、「こんなの、いちいち言われなくてもわかっている。こっちで考えるからいいよ」という反応を示した会社もあります。

　このリストがどのくらい役立つかということよりも、姿勢の問題だと思います。五四ページで、震災後にすぐに必要な資金を確保した会社の例をご紹介しましたが、優良企業は緊急時において、あらゆる手を素早く打ちます。それに対して、普通の企業は、「後で考える」「これから考える」といった先送り的な姿勢が見られます。その姿勢の違いが、経営や業績に反映されているのだろうと思います。

危機的なことがあったときに、オロオロするのではなく、次に何をするかを経営者がすぐに方針を決めてやっていく。こうした経営姿勢こそが、優良企業になるかどうかのカギを握っていると言えるでしょう。

また、経営者がそういう姿勢をとると、社員たちも頑張ろうという気になります。危機のときは、一気に会社を変えていくチャンスなのです。

■人件費を下げるという手法は危険も大きい

危機を乗り越えるために「打つ手」は無限にありますが、しかし、一つ気をつけなければいけないことがあります。それは、どんなに大きな危機でも、安易な人員削減、安易な人件費削減は避けるべきだということです。

固定費削減のうち、無駄な残業代を減らすといったことはぜひやったほうが良いと思いますが、人員を削減することは、あらゆる手を尽くした後での本当に最後の最後の手段にすべきだと思います。

社員の首を切るというのは、白旗を揚げて、徐々に退場しているようなイメージを与えます。

ある会社の社長さんは、「藤間さん、五〇人いた社員を三人にしたよ。楽だよ」とおっしゃっていました。私は、失礼ながら、「それだと、もう成長はできませんよ」と申し上げました。

環境が良くありませんから、どの会社の社長さんも非常につらい状態に置かれていることは確かです。しかし、世の中は悪くなったり、良くなったり、変動するものです。全体的な環境は悪化していくとしても、それでも何かしらの上昇局面は必ず来ます。そのときに、対応できる人がいなければ上昇局面に乗っていくことができません。人を大量に切ったことで、上昇局面をつかむことができなくなり、結果的に会社が悪化するスピードを速めてしまうことになりかねません。

会社が苦しいとしても、安易に首を切らずに、一度採用した社員は、できるだけ残ってもらう。もちろん、ダメな社員には辞めてもらってもいいのですが、できる社員まで辞めてしまうと、衰退が速まってしまいます。

苦しいときでも、剰余金を取り崩して我慢する。それでもダメなら、役員報酬を減らす。それでもダメなら、人は減らさずに、みんなに給料を我慢してもらう。できる限りの手を尽くして、人を雇用し続けることが大切だと思います。

■良い会社は良い取引先を求めている

ある中小企業の社員たちの流行語は、「藤原紀香してこい！」というものだそうです。どういう意味かを教えてもらったら、とてもユニークで面白かったので、ご紹介したいと思います。

藤原紀香さんは、言うまでもなく、とてもきれいで素敵な方です。きれいな方なのでまわりの男性たちは、「自分はとても相手にしてもらえないだろう」と思って、なかなか声をかけられなかったそうです。声をかけたのが、お笑いタレントの陣内智則さんで、結婚にまで至りました（その後、離婚されましたが）。

とても手が届かないと思える女性でも、アタックしてみれば、もしかすると結婚できるかもしれない。そのことに、男性社員たちは、勇気づけられたようです。

同じように、とても相手にしてもらえないような超一流企業でも、アタックしてみれば、もしかすると取引してもらえるかもしれない。それが「藤原紀香してこい！」という合い言葉です。

その会社は中小企業ですが、「藤原紀香してこい！」が会社の流行語になってから、とてつもなく大きな会社に、みんなが積極果敢にアタックするようになりました。どんどん飛び込んでいって、超大手企業から仕事をもらえるようになったのです。すばらしい精神だと思います。

「とてもうちのような小さい会社とは取引してもらえないだろう」と思い込んであきらめてしまったら、それまでです。やってみなければわかりません。どんどんアタックすべきなのです。

幸いなことに、今は、良い会社は良い取引先を求めています。これまでの取引実績がなくても、商品やサービスが良ければ、取引してもらえます。昔は、系列でないと取引してもらえないということもありましたが、今は違います。

デパートなどでも、かつては、取引口座がないと入り込むことはできませんでした。今は、取引口座がなくても、入れます。良い商品を持っていけば、喜んで入れてもらえます。そういう意味では、ビジネスの世界では、藤原紀香さんと結婚できる時代なのです。誰もが納得するようなすばらしい商品をつくり、あとは勇気を持って、超一流企業にどんどん飛び込んでいって下さい。

「藤原紀香してこい！」という流行語は、社員たちが自分たちで広めていったものです。儲かっている会社、成功している会社は、社員が自発的にいろいろなことに取り組んでいます。社員をいかに育てていくかということもとても重要です。次章では、社員をどのように育てていくかを見ていきたいと思います。

第5章

人を残す会社は発展する

■後藤新平さんの「人を残すは上」

東日本大震災の後、関東大震災後に帝都復興院総裁を務めた後藤新平さんの話がよく出てくるようになりました。後藤新平さんが将来を見据えた東京の都市計画をしてくれたおかげで、東京の幹線道路の道幅が広くなり、その後の日本の発展にとても役立ったと言われています。

その後藤新平さんの言葉に次のようなものがあります。

「財を残すは下、事業を残すは中、人を残すは上」

いくら財産を残しても、後継ぎがボンクラだったら、財産はあっという間になくなってしまいます。一〇〇億円の財産を残したとしても、後継者が大きな投資をして失敗すればそれまでです。

財産を残すよりは、事業を残したほうがまだうまくいきます。事業を残すということは、「儲かる仕組み」を残すということですから、その仕組みがあれば、後継者が著しく能力のない人でなければ、事業を続けていくことはできるでしょう。

しかし、世の中は常に変化していきます。いったん出来上がった「儲かる仕組み」も、時代が変われば、「儲からない仕組み」になってしまうこともあります。また、震災のように突如として予期せぬことが起これば、事業を残しても、事業が傾いてしまうこともあります。

時代の変化があっても、震災のような危機的なことが訪れても、それでも生き残っていけるようにするには、「人」を育てておくことが一番です。良い人材を残せば、どんな状況になっても、新しいことを考え出し、新しい「儲かる仕組み」をつくり出していってくれます。

人を残すことこそ、企業が一〇〇年続くための要と言ってもいいでしょう。

■人づくりに徹底的にこだわる

第1章で触れましたが、二回目の老舗企業講演会には、マツモト交商の一三代目・松本伊兵衛会長にお越しいただいてお話を伺いました。マツモト交商さんは、創業以来約三五〇年という老舗企業です。

松本会長に、老舗企業の極意を教えていただこうと、いろいろな質問をさせていただきました。すると、何をお聞きしても、松本会長のお話は、すべて人材教育の話に行き着いてしまうのです。徹底的に人づくりにこだわり、社員の「健康、安全、安心」を何よりも重視し、それに心血を注いできたことが窺えました。

約三五〇年の長い歴史の中で、マツモト交商さんは、業種を少しずつ変えてきています。薬問屋から始まり、化粧品の原料を扱うようになり、現在は、有機チタン化合物、有機ジルコニウム化合物、特殊シリコン化合物などのファインケミカルも扱っています。

マツモト交商さんは、時代の変化に合わせて事業分野を変えてきたようですが、どんな事業をやることになっても、人材を育てていたために、三五〇年間ずっと継続してきたのだと思います。

まさに、後藤新平さんが言うように、「財を残すは下、事業を残すは中、人を残すは上」です。

徹底した人材育成へのこだわりが、どんな時代が来ても生き残っていける一〇〇年企業を創り出していく秘訣ではないかと思います。

■考えさせ、発言させ、行動させ、反省させる

人材育成は、時間のかかるとても大変な仕事です。だからこそ、行き当たりばったりで育成するのではなく、仕組みをつくって育てていくことが大切です。

人が育つ仕組みづくりの基本は、

一　考えさせる
二　発言させる
三　行動させる
四　反省させる

のサイクルを繰り返すことです。

徹底的に考えさせ、どんどん発言させ、積極的に行動をさせる。そして、最後に反省をさせる。これを繰り返していけば、社員は自ずから伸びていきます。

ところが、逆のことをやっている経営者が少なくありません。

社員が案を出しても、社長さんが即座に「ダメだ」と言って却下するのです。そういうことをすると、社員は二度と案を出そうとしなくなります。「社長の言うことだけをやっていればいい」と思うようになり、自分の頭で考えることをしなくなります。社員に考えさせるには、提案制度も含めて、社員にいろいろ考えさせる仕組みを検討するべきでしょう。

部下の発言を聞こうとしない社長さんも少なくありません。

会議の場が社長の独演会のようになっている会社もあります。そういう会社では「ごますり役員」が生まれて、会社の経営は傾いていきます。社員が発言できる場にしなければ、会議を開いている意味がありません。会議とは、社員にどんどん発言させ、社員の自主性を育てる人材育成の場でもあります。

会議の主役は、社長ではなく、社員や幹部でなければなりません。

「会議なんてムダだ」と言う人もいますが、社長の独演会や、何も決めない会議はムダですが、きちんと物事を決める会議はとても有益ですし、社員に発言させて社員を育てる人材育成の仕組みとして会議を活用すればいいのです。

「行動させ、反省させる」には、良い行動を促進し、悪い行動を反省させるツールとして、次にご紹介する「カミナリカード」「ニコニコカード」などの仕組みも有効です。

■「カミナリカード」と「ニコニコカード」

人材を育てていくには、褒める、叱るといったことが不可欠です。しかし、褒めることも叱ることも大切だとわかっていても、やってみると非常に難しいと実感している方も多いでしょう。

社員を叱るときに、ただ怒鳴ればいいというわけではありませんし、下手な叱り方をすれば、社員は会社を辞めていくこともあります。かといって、叱らずに社員を育てることはできません。

褒めることも、とても難しいものです。できる上司ほど、部下の物足りない面ばかりが目について、なかなか褒められないのではないかと思います。

叱ることも、褒めることも、とても難しいことなので、私は仕組み化することにしました。それが「カミナリカード」「ニコニコカード」です。反省させるときには「カミナリカード」、褒めるときには「ニコニコカード」を使います。こうしたツールがあると、叱り方や褒め方が下手な管理職でも、うまく叱ったり褒めたりできるようになります。

「カミナリカード」をつくったきっかけは、お客様からのクレームでした。あるとき、お

客様から、

「藤間さん、この間、おたくの社員にクレームを出したんだけど、聞いてるよね？」

と言われました。

瞬間的に「はい」とウソをついてしまいました。お客様には大変申し訳ないことをしましたので、ウソをついたことも含めて、この場を借りてお詫びしたいと思います。

そのときわかったことは、「社員を叱っていたら、お客様のクレームは自分のところにまで上がってこない」ということです。上司から叱られるのは誰でも嫌なものです。叱ってばかりいると、社員は叱られるのが恐くて、上に報告しなくなってしまうのです。

叱ることはもちろん必要なことですが、だからといって、クレームがトップにまで上がってこないというのでは困ります。そこで、何か仕組みをつくろうと思って始めたのが、「カミナリカード」です。叱るための仕組みというよりは、みんなで情報を共有して、みんなで反省するための仕組みです。

「カミナリカード」の逆のバージョンが、「ニコニコカード」です。「ニコニコカード」は、みんなで情報を共有して、みんなで褒め讃えて、望ましい行動を促進するために使っています。

■「カミナリカード」でクレームを吸い上げる

「カミナリカード」としてどのようなシートを使っているかを一一九ページに掲載しました。この「カミナリカード」は、事務所内の至る所に置いてあります。

一二〇人ほどの社員がいますから、ほぼ毎日私のところに「カミナリカード」が届いています。

「カミナリカード」を書くことによって上司から怒られる仕組みにしてしまったら、誰もカードを書かなくなります。そこで、「カミナリカード」を書いたら怒らない、というルールにしました。そのかわりに、お客様からクレームを受けたのに「カミナリカード」を出さなかったら、ボーナスは減額というルールです。

お客様からクレームを受けたときに重要なことは、部下を叱ることではなく、

一　上司とトップが問題点を知り、情報を共有し、お詫びする
二　上司とトップが一緒に対応策を考える
三　二度と起こらない仕組みをつくる

ということです。

この三つのために「カミナリカード」を使っています。上司と私が問題が発生していることをきちんと認識できれば、対応策を考え、二度と起こらない仕組みをつくることができます。クレームを受けた担当者は、叱らなくても、このカードを出した時点で十分に反省しています。起こってしまったことは過去のことですから、これからどうするかを考えることのほうが大切です。

「カミナリカード」には、例えば、こんなことが書かれています。

「クライアントから代表者の変更の手続きを依頼されていました。対応が遅く、クレームをいただきました」

「カミナリカード」はまず上司に提出され、上司がその対応策を書いて、私に報告してきます。私はその対応策を見て承認したり、二度と問題が起こらない仕組みを考えさせたり、私なりの対応策を考えたりして、コメントを書いて返信します。このときは、

「開業初期からのお客様です。大切にして下さい」

と書いて戻しました。

そのうえで、社員にお詫び状を書かせ、私が署名して、速達でお送りしました。

【TOMAで使用している「カミナリカード」(実物はA4サイズ)】

カミナリカード提出後にクレーム発生の場合 所長・副所長が先方に謝罪に行くこととなります(必ず確認し事前提出ください)

カミナリ　カード
(クレーム処理・是正処置・予防処置)

文書番号　記録(他)3:23. 2. 8

今後、対外的・体内的なミスや間違ったことは修復できることも隠さず全てカミナリカードを提出してください。1度カミナリカードを提出した人は、同じ間違いを2度としないでしょう。けれど、他の人は同じ間違いをします。それを防ぐためにもカミナリカードを提出して朝礼で周知する。それがTOMAの皆で「共に勝つ」考え方。自分は間違ったけど他の人は間違えないように、の考え方で共に勝って幸せをつかみましょう。

すべてのミス・クレーム(先方から指摘がなくとも)を記入し、当日又は翌日までに上司に提出して下さい。
目的は、① 顧客満足度の追及(CS) ② 他人の再発の防止(全員に、内容・改善方法の周知)　TOMAグループ
③ 効率性の追求(ES)　*(提出遅れは減給にします。)*　平成　年　月　日

Ⓐ

所　属:	氏　名:　印
発生日 平成　年　月　日	お客様名:　TEL　携帯電話 お客様の紹介先:　TEL

【内　容】

【原　因】

【対　応】(処置内容)

他部署関係者への周知　印・印　　ヒューマンネットワーク紹介顧客である　YES・NO

担当者		所　長	所長指示　問題の区分:□メジャー　□マイナー　□Ⓑ必要なし		秘書		担当者
所属長	→		原則副所長対応→所長対応の必要性については副所長が判断する。	→	コピーをクレーム改善簿へファイル後日、差換え	→	↓ 所属長 課長は部長へコピーを回す
副所長		★詫び状　速達(所長サイン付)　あり・なし　(速達1日内・持参3日内のこと) ★改善報告書(これがあれば詫び状不要)　あり・なし　(速達1日内・持参3日内のこと)	コピー取りPファイルへ				

※本書類はミス発生日に上記 Ⓐ を記入し、当日中に所属長又は主任のいずれかに報告してください。
※所長へも当日報告してください。(外出の場合で緊急もしくは重大な場合所長と副所長の携帯に入れること。)

Ⓑ

○処置結果報告・クレーム対応報告・反省点　(ミスを起こした本人及び幹部が記入)

○ 今後おこらないための是正・予防策　(ミスを起こした本人及び幹部が記入し、確認してから提出)
(具体的に改善された資料を提出するまで承認しません)

必要に応じて別紙・関係書類を追加のこと

○実施した活動のレビュー(経営会議にてレビュー)

①所長指示を受けて対応後、Ⓑを記入し提出のこと。　②朝礼発表　有　の場合は翌週月曜日の朝礼にて発表してください。

所属長・副所長		所　長		秘　書		所属長・副所長		担当者
	→		→	番号	→		→	
		朝礼発表　有・無 スタッフ朝礼にて周知 必要・不要		コピーをクレーム改善簿へ差換え		月　日 朝礼発表		Pファイルへ保存

次のようなことが書かれた「カミナリカード」もありました。

「会議室の時間調整を失敗し、後のお客様にご迷惑をおかけし、ご気分を悪くさせてしまいました」

会議室は、時間通りに使わないと、次のお客様に迷惑をかけてしまいます。このときも、お客様にお詫び状を書き、私が署名してお送りしました。また、二度と発生しないようにするために、

「会議室予約シートに『時間の余裕を持って、予約時間を入れて下さい』というような表記を入れて下さい」

という指示を出しました。改善された予約シートが出来上がってきたら、それを承認してサインします。こういったサイクルで「カミナリカード」を利用しています。

あるとき、お客様から突然電話があり、

「藤間さん、ビックリしたよ。クレームを言ったら、すぐに詫び状が送られてきた。どうやったらそんなことができるのか、学ばせてくれ」

と言われました。

クレームへの対応が早かったため、クレームがかえって信頼につながったようです。以前のように、クレームを受けたときに社員を叱っていたら、こういう迅速な対応はできな

かったと思います。それどころか、私はお客様からクレームがあったことを永遠に知らなかったでしょう。

■社員を褒める「ニコニコカード」

「ニコニコカード」（一二三ページ参照）は、社員を褒めるための仕組みですが、「ニコニコカード」は、頻繁に私のところに上がってくるわけではありません。お客様に褒められたことを自分で報告するのは気が引ける面もあるのかもしれません。ですから、上司が部下のことを褒めるために「ニコニコカード」を書いてくる場合が結構あります。

社員を褒める機会を増やしたいと思って、「お客様アンケート」も利用するようにしました。

もちろん、お客様アンケートというのは、お客様満足度を高めることが目的ですが、「ニコニコカード」と一緒に使うと、社員を褒めるツールとしても使えることがわかりました。

お客様アンケートは、六月と十二月の年二回、お願いしています。また、税務調査や確定申告が終わったときにも、「お客様をお守りしましたか？」といったことをお聞きするアンケートを取っています。

お客様アンケートの内容と結果は、一二四ページ（図8）のようになっていますが、お客様からの満足度が、上がっているかどうかを半期ごとに確認しています。

自由記述欄では、お客様から褒めていただいた担当者も何人もいます。お客様から褒めていただいた担当者は、「ニコニコカード」を使って必ず褒めています。そして、みんなの前で表彰して、みんなで拍手をして、その人を讃えます。大した景品ではありませんが、五〇〇円のクオカードを贈っています。

「ニコニコカード」と「カミナリカード」を使うようになってから、社内の情報の流れも良くなり、また、社員が成長しているような感じも受けます。「ニコニコカード」も「カミナリカード」も、人材を育てるためにとても有効だと実感しています。

おそらく、これらのツールを使うことによって、「考えさせる」「発言させる」「行動させる」「反省させる」というサイクルがうまく回転しているのでしょう。

お客様にお話ししたところ、三〇社ほどが同様の仕組みを導入されました。

【ＴＯＭＡで使用している「ニコニコカード」（実物はＡ４サイズ）】

文書番号　記録（他）５：２０．１２．２６

全ての誉められた事。やって感謝された事は、すぐ報告して下さい。

ニコニコ　カード

ＴＯＭＡグループ

目的は、①　お客様の満足度の追及（ＣＳ）②　誉められた事例を聞き他社員も実践できる。（イメージアップ）
③　維持・拡大の為の手法

お客様に喜んでもらったら、新規顧問先の紹介をお願いするチャンスです。
必ず新規顧問先紹介のお願いをしましょう。

平成　　年　　月　　日

所　　属：	氏　　名：　　　　　　印
発生日　平成　　年　　月　　日	お　客　様　名：
○　内　　容	

※ニコニコカードで報告された方は、５００円（金券）の手当てが支給されます。

○所属長・上司コメント

【Ｑｕｏカード支給対象者　記入欄】

①本書類は発生日に記入し、翌日までに所属長又は主任のいずれかに報告してください。
②朝礼発表　有　の場合は翌週月曜日の朝礼にて発表してください。

所属長・副所長	→	所長	→	秘書	→	所属長・副所長	→	担当者
		朝礼発表　　有・無		コピー２部取り１部はファイル、１部は総務へ		月　　日 朝礼発表		Ｐファイルへ保存

お客様に喜んで頂きました。担当者からお願いするチャンスです。
「お知り合いの社長様を紹介して下さい」と一言話して下さい。

図8　TOMA お客さまアンケート結果のご報告です

先日お送りしたお客さまアンケートに、多数のご回答を頂戴し、ありがとうございました。
皆様からいたらぬ点をご指摘頂き、またお褒めを頂いた言葉を集計し、TOMAのありのままの評価実態としてご報告させて頂きます。

お客様から頂きました率直なご意見、ご評価、ご希望を真摯に受け止め、これまで以上に品質を高めサービスの向上に努力させて頂く所存です。今後ともよろしくお願いいたします。

	［2010年12月］		［2011年6月］	
(1)弊社の担当者が行なう月次・納税予測・決算資料などの内容に関して、わかり易い説明や資料作成が出来ていますか?	満足・やや満足 87%	不満・やや不満 1%	満足・やや満足 94%	不満・やや不満 1%
(2)TOMAコンサルタンツは「明るく・元気・前向き」というTOMAの経営理念で対応させて頂いておりますが、担当者の対応はいかがですか?(TOMAの経営理念の実践)	明るく元気前向き 86%	あまり元気がない 1%	明るく元気前向き 93%	あまり元気がない 0%
(3)TOMAでは御社にとって一番適任と思われる者を担当させておりますが、親しみやすさやコミュニケーション能力等総合的に見て御社のニーズに合っていますか?(お客様の幸せづくりのために)	合っている 90%	合っていない 0%	合っている 93%	合っていない 1%
(4)TOMAの担当者の継続を希望されますか?	YES 99%	NO 1%	YES 100%	NO 0%

良くなった　悪くなった

(2011年6月アンケート結果)

■公正に社員を評価する

社員を育てるには、人事評価の仕組みも大切です。

中小企業に見受けられるのは、「愛い《う》奴だ」ボーナスというものです。社長が、自分の言うことをよく聞く特定の社員をえこひいきして、ボーナスに色を付けることがあります。

しかし、これをしてしまうと、他の社員は怒りの気持ちを覚えます。「なんで、あいつのボーナスが高いんだ。ごますり野郎」というような気持ちで、社員同士の人間関係も悪化していきます。

人間がやることですから、完全に公平な評価というのは、なかなかできません。公平に評価したつもりでも、必ず、何かしら不満が出てきます。しかし、えこひいきをやめて、透明性の高い公明正大な評価をすることはできるはずです。

公明正大に評価するには、人事評価制度に一定の仕組みを取り込むことです。仕組みを決めてしまえば、社長の個人的な好き嫌いが入り込む余地はなくなります。

昔は私も、辞めてほしくない社員には、ボーナスで色を付けたりしていましたが、今は、それができない仕組みに変えました。総務部長が一二〇人分のボーナス評価を持ってきて、「これでやりますから」と言っておしまいです。幹部が話し合って決めた一人ひとりのボーナス額に対して、私は口出しできないルールになっています。

ですから、私にごまをすってもボーナスは上がりませんし、私の意見に反論したからといって、ボーナスが下がることもありません。

そもそも人事評価制度とは、ボーナスを上げたり、下げたりするために行うものではありません。社員の成長を促すために行うものです。

みんなに基準がわかるように評価基準を提示し、公明正大に評価をつけることが、社員のやる気を失わせることなく、社員の成長を促すことにつながるはずです。

■社員に「ありがとう」を一日一〇〇回言う

私は、講演をさせていただくときに、必ずみなさんに聞いていることがあります。

「今週、ありがとうという言葉を一〇〇回言った方、手を挙げて下さい」

そう言うと、どの講演でも、ほとんど手が挙がることはありません。いかに「ありがとう」という言葉を使っていないかということがよくわかります。

実は、私がそうでした。「ありがとう」などという言葉は、ほとんど使ったことがありませんでした。

しかし、あるセミナーに出て、少し自分を変えてみようかと思ったのです。

そのセミナーの講師は、小林正観さんでした。小林正観さんは、

「夫婦仲の悪い人は、ありがとうを言いなさい。ありがとうを言い出すと、夫婦仲が良くなります」

と言いました。

お恥ずかしい話ですが、うちはずっと夫婦仲が悪く、昔は、喧嘩すると一年間話をしないということもありました。私が家内に「出て行け！」と言うと、「私はこの家で、子供を育てているんだから、あんたこそ出て行きなさいよ」と言われ、家出をしたことが何度もあります（笑）。

私は手を挙げて、小林正観さんに、

「ありがとうなんて思っていないから言えません」

と言うと、

「思っていなくても、言いなさい！」

と言われました。私は素直なほうなので、朝、家を出てくるときに、家内に対して「あ

りがとう」という言葉を毎日四～五回言うようにしました。

すると、驚いたことに、半年経ったら夫婦喧嘩が全くなくなってしまいました。ウソのような話ですが、本当のことです。

「ありがとう」と言うと、いったい何が変わるのでしょうか。「ありがとう」と言われて、家内が変わったのでしょうか。

そうではありません。「ありがとう」と言うようになってから、私の気持ちが変わってきたのです。繰り返し、「ありがとう」と言っているうちに、本当に相手のことを感謝できるようになってきたのです。その気持ちが伝わっているのではないかと思います。

最初は言いにくいものですが、お経のように繰り返し言っているうちに相手への感謝の気持ちが湧いてくるものです。最初は感謝の気持ちなどこもっていなくて、口先だけの「ありがとう」です。それでも、言い続けていると自分の気持ちが変わってくるから不思議です。

社員に対しても「ありがとう」と言うようになりました。そうすると、社員に対しても感謝できるようになりました。

社員は、二度とない人生をかけて、この会社で働いてくれているわけですから、やはりありがたいものなのです。一日に一〇〇回くらいは社員に対して、「ありがとう」と言っています。最近は、言いすぎてありがたみがないと言われていますが。

なぜか、「ありがとう」と言い出してから、社員の定着率も非常に良くなってきました。「ありがとう」と言うだけで、夫婦仲も、社員の定着率も良くなったのです。

ただし、いきなり奥さんに「ありがとう」などと言い出すと、「あんた、何か悪いことでもしたんじゃないの?」と疑われかねません。言う前に前置きをしておいたほうが良いでしょう。

私も家内に初めて言ったときは、「今日のセミナーで、小林正観さんが『ありがとう』と言え、と言っていたから、言うことにした」と前置きをしてから言いました。

いきなり「ありがとう」と言うのが照れ臭いときは、「本に書いてあったから、言ってみることにした」と前置きしてから言うと良いのではないかと思います。

▦従業員満足度調査をする

社員を大切にするためには、社員に感謝するだけではなく、社員の声を聴くことも重要です。働きがいのある会社を創るために、ことあるごとに社員の声を聴き、社員満足度を調査する仕組みも大切だと思っています。

社員の満足感を高め、社員を幸せにしていけば、幸せ感を持った社員が、お客様を幸せにしてくれます。社員を幸せにすることは、お客様の幸せにつながり、業績アップにつながるのです。

それにはまず実情を知ることが必要です。私は、社員満足度を調査することをおすすめしています。顧問先にもおすすめしています。

しかし、よく返ってくる言葉は、

「そんなアンケートを取って、悪い結果が出たらどうするんですか？」

というものです。

確かに悪い結果が出るのは、経営者にとって気分の良いものではありません。しかし、悪い結果が出たら、直していけばいいのです。初めから満足度の高い会社はないと思います。

結果が恐くて調査をしたくないという方は、原発事故を受けて対応が混乱していたときの政府とどこか似ています。あのときは、高い放射線量が出ると困るので、政府が各地域の放射線の数値を測りたがらないということが、国民に透けて見えました。「社員満足度調査で悪い数値が出ると困るから測らない」というのは、そのときの政府の姿勢と似ています。

図9　職場のアンケート（従業員満足度調査）

Q.あなたは、総合的に考えると当社の社員として満足していますか？

	人数			比率		
	今回	前回	前々回	今回	前回	前々回
非常にそう思う	10	7	7	9.5%	5.8%	6.2%
そう思う	63	82	69	60.0%	67.8%	61.1%
どちらともいえない	28	25	30	26.7%	20.7%	26.5%
そう思わない	4	4	5	3.8%	3.3%	4.4%
全くそう思わない	0	3	1	↓0.0%	↑2.5%	0.9%
わからない	0	0	1	0.0%	0.0%	0.9%
総計	105	121	113	100.0%	100.0%	100.0%
満足度	73	89	76	↓69.5%	↑73.6%	67.3%
不満足度	4	7	6	↓3.8%	↑5.8%	5.3%

満足度（非常にそう思う＋そう思う）　不満足度（そう思わない＋全くそう思わない）

（2010年9月 藤間公認会計士税理士事務所 調査結果）

ＴＯＭＡグループも、満足のいくような結果ではありません。ですが、私は、隠すのが好きではないので、社員に見せるようにしています。オープンにして「みんなで考えようよ」と言っています。

調査を依頼している会社には、私の友人が経営する会社も同じように調査を依頼しています。比べてみたところ、当事務所は負けていました。負けるはずがないと思っていたのに、負けていたのです。

どうしてだろうと思って、いろいろ聞いてみると、友人の会社は、人材採用にものすごく力を入れているということがわかりました。「能力の高い人」を採ろうとしているのではなく、「理念の合う人」を採ろうとしているのだと言っていました。

なるほど、と納得しました。従業員満足度の調査結果を詳細に見ていくと、うちの場合は、ものすごくやる気の高い層と、あまりやる気のない層に二極化していて、真ん中が少ないという結果が出ていました。そのため、平均すると真ん中くらいになり、友人の会社に負けてしまうのです。あまりやる気のない層というのは、おそらく「明るく・元気・前向き」という理念に合わない人だろうと思います。能力はあっても、この理念と合わなくて、やる気が下がってしまっているのかもしれません。

「目先の利を追う者、貧しさが離れず、将来の種を蒔く者、豊かさが身を離れない」という言葉がありますが、まさにその通りだと思って私は反省しました。私が、目先の利を追って、能力の高い人の採用にこだわっていたため、理念の合わない人まで採用してしまっていたのだろうと思います。

アンケートの結果は、満足度六九・五％、不満足度三・八％でした。この満足度を毎回少しずつでも上げていき、不満足度を減らす努力を続けています。この努力の結果が、働きがいのある職場づくりにつながります。

■五年後どんな社員になりたいか？

外部の会社に社員満足度の調査を依頼するのと並行して、独自の社員アンケートも取っています。社員アンケートでは、社員たちに「五年後どんな本物の一流専門家になっていますか?」ということを書かせています。

いろいろなことを書く人がいます。

「お客様に的確なアドバイスができるような専門家になりたい」

「細かい気配りができるようになりたい」

などと書く人もいれば、中には、

「アンチエイジングの追求がしたい」

と書く人もいます。

個人の目標ですので、どんなことを書くのも自由です。会社には会社の目標があるように、個人にもそれぞれの人生目標のようなものがあります。それを応援してあげる姿勢も大切だと思っています。

各自の目標は、一覧表にして、見たい社員は誰でも見られるようになっています。ですから、自分の目標をみんなに宣言するようなものです。上司たちにもこの表をよく見て人材育成をするようにと言っています。

私どもの事務所では、毎月、その月生まれの人の誕生会を開き、誕生日カードを贈るという会を行っているのですが、誕生日カードのメッセージを書くときにも、各自の個人目標を見ながら、目標を応援するようなメッセージを書くようにしています。

社員に会社の目標を達成してもらうのが大切なように、社員の目標を達成できるように会社が応援することも大切です。それが、社員にとって働きがいのある職場につながるはずです。

■人材は「キープ・ヤング」に

TOMAグループは、現在、社員の平均年齢が三十七歳くらいです。何もしないで一〇年経てば、平均年齢は四十七歳になります。平均年齢が四十七歳になってしまったら、存亡の危機だと思っています。

もし社員の平均年齢が五十歳を超えている会社があれば、早急に手を打たないと、かなり厳しい状態になると予想されます。

というのは、高齢者の集団の会社に、十八歳や二十二歳の若い人は、「入りたい」と思ってくれないからです。若い人に魅力のある会社にして、会社全体の平均年齢を下げる努力をすることも必要です。

平均年齢五十歳といっても、一人か二人は、三十代、二十代の社員がいるかもしれません。そういう人がいる間に、若い人を採っておくべきです。その人たちが辞めてしまったり、一番下の人が四十代になってしまってからでは、手遅れとなります。採用する人との年齢差が開けば開くほど、採用はどんどん難しくなります。

「キープ・ヤング」の考え方で、平均年齢が一定以下に保たれるように、新規採用を続けていくことも大切です。それが会社を長く続けていくための重要な条件となります。

若い人材を採用し、次世代の人材を育てていくことは、一〇〇年続く企業を残すためのとても大切な種蒔きです。

第6章

次世代にどうバトンを渡すか

■会社は続いてくれなければ困る

経営者の中には、会社を一〇〇年続ける必要はないと考えている方もいます。でも、本当にそれで良いのでしょうか?

会社がなくなると困る人は、おそらく、その経営者の方が考えているよりもはるかに多いはずです。従業員も仕入先も大きな影響を受けますし、その人たちの家族も影響を受けます。

おおよそのところでは、一つの会社当たり、社員数の五倍くらいの人がそのおかげで生計を立てていると言われます。二〇人の会社であれば、一〇〇人の人がその会社が存在していることで生きていられるのです。

創業者である社長さんにとっては、自分の創った会社が自分の代でなくなっても困らないかもしれませんが、社員とその家族にとっては、それでは困るのです。みんな「どうやって生きていけばいいんだろう」と路頭に迷います。

その人たちのためにも、社長という役職に就いた人は、会社をできるだけ長く続けられるようにあらゆる手を尽くす義務を負っていると思います。二度とない人生をかけて、日々社員が働いてくれているわけですから、自分の代だけでなくなってもいいなどと考えるべきではありません。

息子のためにも、孫のためにも、若い社員のためにも、若い社員が子供を持ったときのためにも、会社を続けていくことが必要だと私は思っています。そのために、高い目標ではありますが、「一〇〇年続けること」を目指すことが重要だと考えています。

「一〇〇億円の企業」を目指すことも悪いことではありませんが、「一〇〇年続く企業」を次世代に残すことも、とても価値のあることです。

九十歳の社長で大丈夫か?

私のところにご相談にいらっしゃった社長さんで、九十歳の社長さんがおられました。その方は後継者の問題で悩んでおられて、「私があと一〇年頑張る」とおっしゃっていました。

いつまでも現役で頑張ることは、個人の人生の過ごし方としては、前向きな姿勢だと思います。

しかしながら、企業の継続という観点から見るならば、九十歳で社長を続けているのは、会社をつぶしかねない悪い経営者の典型と言っていいと思います。今後も会社を長く継続させていきたいと考えているならば、一刻も早く後進に任せて、身を引くべきだろうと思います。

この社長さんに限ったことではなく、同じようなタイプの社長さんは、世の中に非常に多いというのが実状です。

経営者として考えておかなければいけないのは、人間は必ず死を迎えるということです。日本人の平均寿命が八十歳くらいとはいえ、五十歳の社長さんでも、四十歳の社長さんでも、明日生きているとは限りません。東日本大震災のように予想もしなかった天変地異が起これば、人の運命は、まさにどうなるかわかりません。

ですから、社長に就任したら、自分が三十歳であっても、四十歳であっても、後継者のことは常に考えておかなければなりません。会社にとっての最大のリスクは、社長が急死することです。「人間は死ぬ」という当たり前のことを認識しておかないと、リスク管理はできません。

死生観を持っていない社長は、一〇〇年続く企業を創ることはできないでしょう。自分が死んだ後のことをどうするのかを常に考えて、手を打っておかなければなりません。

仮に、子供に継がせようと思うのであれば、早い時期からそれを念頭に置いて、準備をしておくべきでしょう。

■老舗企業の事業承継は子供のころから

老舗企業では、子供のころから事業承継の準備が始まっています。

食べ物を扱う老舗の場合は、幼少期から食育が行われているようです。鈴廣かまぼこの鈴木博晶社長は、子供のころから、月に一回は、両親に一流料理屋や寿司屋に連れて行かれたそうです。早い段階から一流の味を覚えさせるという教育なのでしょう。

鈴木社長のお子さんも、お祖母ちゃんと一緒のときにはフカヒレを好きなだけ食べていいことになっているそうです。お客様以上に一流の味をわかるようになっていないと仕事にならないので、小さいころから鍛えられていくのです。

また、鈴木社長は、お得意様や取引先の方々と行く旅行にも一緒に連れて行かれて、「この方たちがいるから、商売が成り立っているんだぞ」と聞かされたといいます。

千疋屋の大島博社長も、小さいころから、毎日、果物を主食より多いくらい食べていたそうです。大島社長は、小学生の息子さんにも、たくさん果物を食べさせていて、お子さんは多数あるリンゴの種類を当てることができるようになったそうです。

老舗企業の後継ぎは、こうして小さいころから、事業を受け継ぐ気持ちを植え付けられ、教育されていくようです。

実は、私も幼稚園のころから、しょっちゅう司法書士事務所に連れて行かれていました。少し大きくなってからは、青焼きコピーの手伝いをさせられました。青焼きというのは今のコピーのようなものですが、やってみて、とても面白かった記憶があります。また、父が取引先などを相撲観戦に接待するときには、私も連れて行かれました。これは教育というよりは、枡席《ますせき》が狭いので、大人四人よりも小さい子が一人いたほうが座りやすいということだったと思います。

でも、そういう経験を積んでいるうちに、何となく「自分も司法書士になるんだろうな」という気がしてきたものです。

後を継がせる息子さん、娘さんがいない場合は別ですが、事業承継というのは案外早い段階から準備が始まっているのかもしれません。

私自身の経験から考えても、小さいころから洗脳されてしまったほうが、子供は覚悟を決めやすいと思います。

■若いときは外の会社で鍛えてもらう

息子に会社を継がせようと思ったら、学校を卒業した時点で、一度、外の空気を吸わせておくことも必要だと思います。他流試合をさせておくのです。できれば、自分の会社よりも大きい会社で経験を積ませ、会社とはどういうものか、経営者とはどういうものかを自分なりに学ばせるのが良いでしょう。

最も良くないのは、親の紹介した会社に入社させることです。多くの場合は、甘やかされて戻ってきます。

外部へ出す場合のポイントは、

・自社より大きい会社で社風の厳しいところ
・親代わりとなって鍛えてくれる経営者のいるところ
・親の七光りにならない会社

などです。適した会社が見つからなくて、自社で育てるのだとしたら、

・早くから後継者のためのスタッフづくりをしておく
・早くから重要な判断をする地位に置く

といったことがポイントとなります。

自社で育てていくには、社内で補佐役をつけ、経験を積ませて本人に自信をつけさせることが重要です。

バトンタッチするまでには、一〇年はかかるはずです。お互いに動きながら一〇年間くらいで徐々にバトンタッチをしていくのが無理のない形です。

後継者育成計画をつくっておく

「後継者がいない」と言っている社長さんたちの中には、後継者候補の素質だけに注目している方がいます。しかし、素質だけでは、良い経営者にはなれません。素質を引き出す育成計画がプラスされることによって、初めて経営者としての能力が備わっていきます。

経営者として求められる具体的な能力は、

・判断力
・計画力
・統率力
・指導力
・社交性

などです。
これらを高めるために、5W1Hをよく考えながら、計画を立てることを私はおすすめしています。

いつ　（事業承継の時期）
どこで　（自社か他社か）
誰が　（後継者の選択）
何を　（経営者としての能力）
なぜ　（事業の存続と発展）

どのように（事業承継計画の立案）

誰を後継者候補にするかという選定から始めなければなりませんが、「長男だから後継者」というような決めつけはしないほうが良いと思います。

長男が無理やり押し付けられたと感じるといけませんので、長男が後を継ぎたくなるような魅力的な会社にしておくことが大切です。また、必ずしも長男が能力が高いとも限りませんので、他に候補者がいる場合は、他の候補者も検討すると良いでしょう。

徳川家康は、候補者である次男、三男、四男のうち、三男の秀忠を後継者にしています。順序から言えば次男・秀康のはずですが、秀康は、武勇には優れていたけれども、短慮、軽率なところがあったとされています。それに対して、秀忠は、武勇では劣るものの慎重なところがあったため、選ばれたと言われています。その秀忠が徳川二六五年の礎《いしずえ》を築いたとされます。もちろん、家康が補佐したからこそできたことですが。

間違えてはならないことは、「相続」と「事業承継」は違うということ。事業承継とは、社会的に責任のある事業を引き継ぐことであって、その役割にふさわしい人を後継者として選ぶ必要があります。それに対して、相続は身内のことですから、自分の意向を入れて相続者を決めれば良いものです。

■バトンタッチ・スケジュールを考える

息子に継がせるための具体的な育成計画のスケジュールを考えてみましょう。私がおすすめするのは次ページの図10のような方法で、先代と後継者の併走期間を長く取るというものです。

大学を卒業したら二十二歳で、どこか別会社で五年間修行してもらいます。どういう会社が良いかは一四三ページでも述べましたが、できれば別の業界のなるべく厳しい会社で、修行を積んでもらったほうが良いでしょう。入れるのであれば、銀行や商社に入って経験をしてもらうと後で活きてきます。

二十七歳になったら、別会社を辞めて、自社に入社してもらいます。

最初の五年間は、会社のあらゆる部門を一通り経験させます。営業一年、工場一年、経理一年、企画一年、人事一年といったようにいくつかの部門の経験を一通り積みます。一つの部門を二年も三年もやらせる必要はありません。

しかしながら、どの部門に行っても、社員から「うちの跡取りはダメだね」といった声が必ずあがるでしょう。どの部門においても新人であり、何も経験したことがないのです

図10　後継者の育成計画

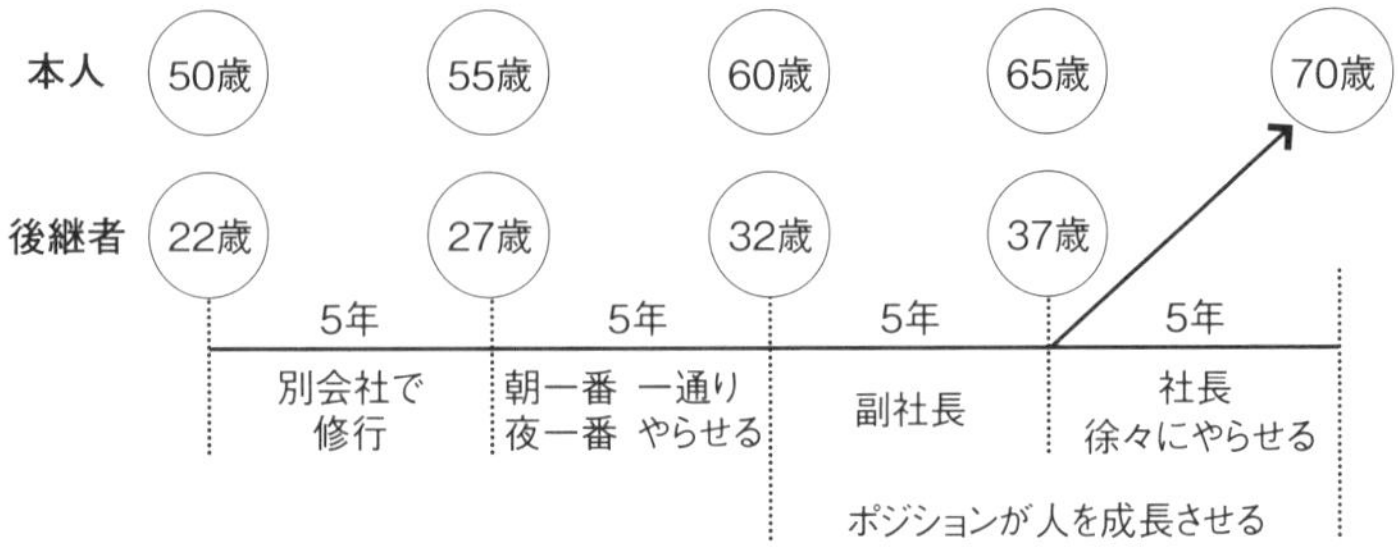

から当たり前です。そうした声を撥ね飛ばすには、「まだ何もできないけど、熱心だね」と思わせておかないといけません。朝は誰よりも早く来て、夜遅く帰る。一日も休まない。若いのですから、そのくらいのことはできるはずです。これを五年間は続けさせます。そのうちに後継者としての評価も上がってくるでしょう。

息子に対しては、あらかじめ「各部門で番頭を見つけろ」と言っておくと良いでしょう。この時期にすべての部門ごとに優秀な番頭を見つけておけば、社長になったときに、会社をうまく経営していくことができるようになります。なるべく歳の近い人で優秀そうな人を見つけておくようにさせます。

三十二歳になったら、役員にして責任のあるポジションをやらせます。そこから先は、先代との併走期間です。三十七歳くらいで社長にして、先代が会長として補佐しながら経験を積ませることが事業承継を成功させる方法だと思います。

■社長室長にして帝王学を伝授する

一番良いバトンタッチの仕方は、社長に就任する一年前くらいに社長室長にして、一年間、すべて社長と一緒に行動させることです。お客様との折衝や、銀行との話し合いなどすべてに同席すると、社長がどんなことを考え、どんな行動をしなければいけないのかを実感することができます。

また、お客様や銀行の担当者など、会社にとって重要な人に対して、一通り紹介しておくこともできます。

東京・上野に創業一四〇年の江知勝《えちかつ》という老舗のすき焼き屋さんがあります。一度、接待していただいて行ったことがあります。そのときに、一緒に行った方から、

「藤間さん、下足番《げそくばん》、誰だか知ってる?」

と聞かれました。

「いや、わかりません」

とお答えすると、

「歳をとった人と若い人が一緒にやっていたでしょ。ここの経営者と後継者なんだよ」

と教えてくれました。

聞いてびっくりしましたが、江知勝さんでは、後継者が決まると、下足番から何から何まで、先代と後継者が一緒にやって、後継者に学ばせるのだそうです。先代が自ら下足番までやって、後継者に受け継がせるのですから、老舗というのは本当にすごいものです。

こうした教育こそが、帝王学の引き継ぎと言えるでしょう。

一般の会社なら、社長室長として一年間一緒に行動させ、学ばせるのが一番です。

ただし、問題は感情的な側面です。子供にとっては、朝から晩まで、親と共に行動するというのは一番嫌なことのはずです。親にとっても、息子の姿をあらためて知って、腹立たしいことばかりかもしれません。

その感情的なことを乗り越えてでも、一年間一緒に行動すれば、バトンタッチとしては最もうまくいくはずです。

■保証人になれるかどうかが、社長になれるかどうかの決め手

多くの中小企業では、社長を次世代に引き継ぐときに、息子などの親族に引き継いでいます。外の人から見れば、同族企業が身内で社長の座を回しているように見えるかもしれ

ません。

しかし、現実には、身内以外の人に社長就任を打診しても、断られてしまうことが多いために、同族に社長の座を譲らざるを得ないという面があります。

上場企業はともかく、中小企業の場合は、借金をして、社長がその借金の個人保証人をしています。わかりやすく言えば、会社が借金を返せなくなった場合は、社長は自分の全財産をなげうって、お金を返さなければいけないということです。

「社長の座」と言うと、カッコ良さそうに見られがちですが、社長には社長としての重い責任が伴うのです。

保証人を同族以外の社員に引き受けてもらいたいと思っても、無理な話です。「前の社長がつくった借金をなぜ一従業員だった自分が個人保証しなきゃいけないんだ」と思うのが普通です。もし、社員に、借金の個人保証人になってもらうのだとしたら、それ相当の所有、つまり会社の株式を渡さない限りは、引き受けてもらえないでしょう。

八十代くらいの社長さんで、保証人がいないために次に引き継げないという方もいます。息子さんが保証人を引き継ぎたくないと言い、他にも保証人を引き受けてくれる人がいないのです。借金を返せればいいのですが、返せる当てもありません。そのために、いつまでも社長を辞められずにいます。

現実問題として、中小企業では、保証人の問題が最大のネックになっています。

■後継者には、早めに覚悟をさせる

事業承継の際に、早めに継がせることが重要なのは、息子に早い段階から覚悟を芽生えさせるためでもあります。もう少しはっきりと言うと、早めに継がせて、保証人にしてしまうと、息子はもう逃げられないということです。

人間は、保証人になって初めて、重大な責任を感じ、腹が据わります。保証人になるという決断は、「この会社から自分はもう一生逃げられない」ということであり、会社の業績に対して嫌でも責任を負わざるを得なくなるということです。そこまで追いつめられれば、覚悟は芽生えます。

ところが、息子を保証人にするのはかわいそうだからということで、保証人にしない社長さんもいます。それは、後継社長に対する甘やかしであって、おすすめできることではありません。

そもそも、保証人というのは相続していくものですから、父親が亡くなれば、息子のところに保証人が相続されます。何もしていなくても、いずれ父親が亡くなれば、保証人は自分のところに回ってくるのです。それが嫌だということは、相続を放棄するということであり、財産も株式もすべて放棄するということです。

結局は、保証人をやらなければいけないのですから、早めに保証人にさせて、覚悟を決めさせることも一つの方法です。

もし、息子が保証人になるのが嫌だというのでしたら、息子以外の人で有能な人に、保証人も引き受けてもらった上で経営してもらったほうが、会社ははるかにうまくいくでしょう。

■銀行が一番嫌がる後継者とは?

経営をする上で、金融機関との関係づくりは最も重要な仕事の一つです。金融機関から見放されてしまったら、会社はたちどころに倒産する場合もあります。

事業承継は、金融機関が最も気にしているものの一つです。誰にどう引き継ぐのかによって、融資をどうするかを検討し直さなければいけなくなるからです。

では、金融機関が一番嫌がる引き継ぎとはどういうものでしょうか。

それは、息子をずっと課長に留めているうちに、社長が急死してしまって、息子が突然社長を継ぐというようなケースです。海のものとも山のものともつかない人間に融資を続けられるはずがありません。引いてしまう金融機関が多いと思います。

先代が社長のうちに早めに役員にしておき、また、社長に就任させてからも先代が会長として補佐する形で、併走期間を長く取ることが重要です。一定の併走期間を設けていれば、銀行も新社長の力量を見極めることができます。

数年間の併走期間が続いている中で、先代が急死したような場合には、金融機関がすぐに融資を見直すというようなことはないのではないかと思います。

息子が金融機関の信頼をある程度得られるようになるまでは、先代が補佐していくことが必要となります。

■早めに継がせて社長としての勘を磨かせる

どんなに優秀な人でも、社長になっていきなり能力を発揮することはできません。ずっと副社長を続けていたとしても、社長とは責任の重みが違いますから、感覚をつかむまでに少し時間がかかります。社長をやった者にしかわからないこともたくさんあるのです。

ですから、社長としてのトレーニングをする意味でも、四十歳前後になったら早めに社長を継がせていくほうが良いと思います。社長としての「勘」を磨かないと、社長職は務まりません。息子さんが四十歳を過ぎていても、「うちの息子はまだまだ頼りなくて、しばらく社長にはできない」とおっしゃる社長さんもいます。そういう社長さんに、いくつのときに社長に就任されたのかお聞きしてみると、ご自分は三十五歳で継いだというようなことをおっしゃることもあります。

世の中には三十代の公開会社の経営者はたくさんいます。ベンチャー企業の経営者ならさらに若いでしょう。三十代なら十分に社長を務めることができます。「息子にはできない」という思い込みを捨てて、トレーニングだと思って、早めに継がせていくことが大切ではないかと思います。

■後継者とともに若手社員に勉強させる

最近増えているのが、後継者を決めた後に、若手社員を集めて、後継者と一緒に様々な研修やセミナーを受けさせるというやり方です。

後継者の教育も必要ですが、後継者を支える社員も育てておかないと、後継者が立ち往生してしまう場合があります。後継者の良き番頭になれそうな人を若手社員の中に育てておこうという狙いです。

こうしたやり方もとても有効だと思います。

会社は社長一人では成り立ちませんから、他の社員も含めて育てていく必要があります。また、若手社員と一緒に勉強させれば、社内でのコミュニケーションも取れるようになっていきます。

そのような準備をした上で、後継者にバトンタッチをしていきます。

理想的なことを言えば、バトンタッチをするときに、高齢の役員を何名か引き連れて社長が辞めるのが良いのですが、次期社長のために古参役員の生活設計を犠牲にするわけにもいきませんので、役員の定年を決めておいて、一定年齢に達した人は辞める仕組みにしておいたほうが、自然な形で世代交代を進めていけます。

いずれにしても、目先の経営のことにとらわれず、後継者が若き番頭さんたちに支えられて、将来うまく会社を切り盛りしていってくれるように支援していくことが大切です。

■経営計画を一緒につくる

先代と後継者候補が一緒に経営計画をつくることも、引き継ぎ法としておすすめしたい方法です。

経営計画というのは、世代交代を成功させるための格好のテキストです。

世代交代後に一番もめるのが、先代のほうは、「オレの知らないところで、勝手なことをやっている。それなのに、ちっとも報告に来ない」と言い出し、新社長のほうは「退いた人に、いちいち報告なんかする必要はない」などと言い出すケースです。

先代と後継者が合作として経営計画をつくり、「いつまでに、これをやる」と決めておけば、ある程度の合意ができていますので、もめることは少なくなります。「経営計画通りであれば特に報告はしない。イレギュラーなことが起こっているときには確実に報告する」ということにしておけば、問題が発生したときだけ話し合うということができます。

バトンタッチ前から一緒に経営計画をつくり始め、バトンタッチ後も五年間くらいは、会長と社長で一緒に経営計画をつくるのが望ましいと思います。

その期間に、先代は後継者に経営哲学や経営理念をきちんと教え込み、後継者はそれをしっかり受け継いでいきます。いわゆる帝王学の引き継ぎです。経営理念というのは、駅伝の「タスキ」のようなもので、引き継がなければならないものの中で一番重要なものと言えます。

もし、先代が成文化した経営理念をつくっていなければ、後継者が先代の生き様を見て、そこから理念を考え出していきます。先代と話し合いながら、経営理念を一緒に作成していくと良いでしょう。

同様に一〇年後のビジョンも先代と後継者が一緒に考えておきたいものです。お互いの夢を語り合い、前向きな発想を出し合い、そこから意見を統一していきます。ここまでやっておけば、いつバトンタッチしても大丈夫です。

新しい経営計画の発表会が、事実上の後継社長の就任式となります。できれば、金融機関や取引先、仕入先にも来ていただいて、後継社長をお披露目し、会長が「私が全力で補佐します」と宣言しておくと良いと思います。

■お互いに我慢して親子喧嘩を防ぐ

バトンタッチ後に、一番問題が起こりやすいケースは、先代と後継者のコミュニケーションが取れていないケースです。親子で受け継げば、コミュニケーションが取れると思うかもしれませんが、そうでもないのが親子関係の難しいところです。

「伝書鳩部長」という言葉を聞いたことがあるでしょうか。先代と後継者がダイレクトに話をすることは一切なくて、伝書鳩部長を通じてコミュニケーションするというものです。

先代は、「息子に言っておけ！」と言い、後継者は、「オヤジに言っておいてくれ」と言い、部長が伝書鳩のように行ったり来たりして取り次ぎをするわけです。こういう会社の事業承継がうまくいくはずはありません。

役員会で親子喧嘩をしている会社もあります。

「オヤジ、それはダメだろ！」

「おまえ、何言ってるんだ！！！」

と、怒鳴り合いが始まります。お笑いのようですが、本当の話です。

こういう感情的な対立が起こっている会社では、子供がいったん後を継いでも、途中で辞めて出ていってしまう場合があります。逆に、先代が息子を引きずり下ろして、自分が社長に復帰するケースもあります。

そうならないためには、息子は先代にある程度敬意を払い、先代も多少気に入らないことがあっても我慢して息子に任せることが大切です。頭ではわかっていても、そう簡単にいかないのが親子の難しい面でもありますが。

■後継者は「オヤジを超える」と思ったらダメ

後を継いだ息子は、若くて意気込みがありますので、「オヤジを超える」というような野望を抱きがちです。しかし、後継者がそのように考えてしまうと、多くの場合は失敗します。意欲は大切ですが、社長就任直後から「オヤジを超える」という目標を持つと無理が出ます。

後継者は、まずは「オヤジに近づく」ということを目標にするべきです。先代の考え方をよく学び、先代とビジョンを共有し、先代のやり方を踏襲しながら、やっていく必要があります。

なぜかと言えば、他の社員たちは、先代のつくったビジョンとやり方についてきた人たちであり、突然トップが「オヤジとは全く違うやり方でやる」などと言い出せば、ついていけなくなってしまうからです。

時代遅れだと思ったとしても、まずは先代のやり方を踏襲しながら経営を続けていって、自信がついてから、「オヤジを超える」という目標を持っても遅くはありません。

結果的にオヤジを超えてしまうことはいくらでもありますが、就任早々にすぐにオヤジを超えようとしてはいけません。
後継者にそのような気持ちを抱かせないようにしながら、うまく引き継いでいくためには、先代と後継者が併走する期間をなるべく長くして、後継者にやり方をよく学んでもらうことが大切です。

■後継社長の鉄則とは？

『賢い帝王学』（小林剛著、講談社）では、後継社長の三大鉄則について、

「恐れられよ、
愛されたいと思うな、
ただし憎まれるな」

という趣旨のことが述べられています。
いろいろな後継社長さんと関わってきた私から見ても、とても納得のいくものです。
新社長が、先輩社員に対して、敬語を使わなかったり、生意気だったりしたために、社

員から憎まれてしまって、能力の高いベテラン社員が次々と辞めていってしまった会社もあります。

年上の人に対しては敬意を払わないと、「この若造が！　能力もないくせに、息子だからって威張るんじゃない」という陰口を言われることになります。

権力で押さえ付けようとすればするほど、一生懸命に働いてくれなくなります。自分のほうが地位は上であっても、自分より年上の人に対しては、敬語を使うべきです。年長者に対して敬意を払うのは当然のことです。

かといって、舐められてしまってはいけません。年上社員に対しても、きちんと指示命令をして、「ホウ・レン・ソウ」をさせます。決めたことは、きちんとやってもらう。できなければ、評価を下げ、ボーナスを下げる。

おそらく、先代は、社員たちに恐れられていたはずです。すぐには無理でも、恐れられるくらいにならないといけません。

後継社長の中には、小さいころから社員さんたちにかわいがられてきたため、「愛されたい」という気持ちが勝ってしまう人も少なくないようです。しかし、愛されたいと思うと、たいてい舐められます。

愛されたいと思わず、憎まれないようにして、恐れられるようにする――現実にはそう簡単にはいきません。とても難しいことです。

だからこそ、先代社長が、理念や人材育成などの仕組みをきちんとつくっておいて、仕組みを使って経営できるようにしておいてあげることが大切と言えます。

第7章

ホールディングカンパニーで次世代につなぐ

■イタリアでは、家族経営がほとんど

イタリアの会社は、伝統的に息子に継がせることが多いようです。イタリアでは家族経営をする会社がほとんどです。

では、息子がいない会社はどうするのか？

そういう場合には、会社を売ってしまうそうです。日本では養子をとって会社を継続する方法をとることがありますが、イタリア人はそういう方法はほとんど考えないようです。娘婿に継がせるという考え方もしないようです。そのため、イタリアでは、会社が一〇〇年、二〇〇年と続きにくい傾向があります。

このように、イタリアの会社は、かなり血の濃い経営をしています。

しかし、そのイタリアでも新しい形が出てきているようです。

二〇一一年六月にイタリアに行ったときに、カンパリという会社の社長さんにお会いしました。そのときに、「社長」の名刺をいただきましたが、話をしていくと「私は経営をしていない」と言うのです。どういう意味かと思って聞いてみますと、経営には携わらないで、持ち株会社の社長をしているとのことでした。

カンパリは、一〇〇〇億円以上の売上のある大企業ですが、ホールディングカンパニー（持ち株会社）の下に、カンパリソーダを売る会社、水を売る会社、レストランを運営する会社などがぶら下がっており、それらの会社は、優秀な社員に経営を任せています。カンパリの社長は、持ち株会社である親会社の社長をしているだけで、事業会社の経営はしていないのです。

こうしたホールディングカンパニー制度も、一〇〇年続く会社を創る場合の一つの形と言っていいと思います。

■同族の争いが事業継続に影響することも

先代が亡くなって事業を引き継ぐときに、同族で争うというケースはよく起こっています。

次ページの図11は、最高裁判所のまとめによる相続に関する係争件数の推移のデータです。これを見てわかるように、家庭裁判所における相続関係の家事相談件数も、遺産分割事件（家事調停）の新受件数も、増加傾向にあることが読みとれます。

実際、私も事業承継の際に同族で争う例をいくつも見聞きしてきました。事業承継の際

図11　相続に関する係争件数の推移

出典:最高裁判所『司法統計年報』

にはこの点にも気をつけておかないといけません。ある社長さんは、「同族内のトラブルがなくなったら、仕事に専念できるようになり、業績が上がってきた」とおっしゃっていました。

同族での争いごとは、かなりエネルギーを奪われることであり、仕事に集中できなくなって業績が悪化してしまいかねない事態です。事業承継を成功させて、一〇〇年続く企業の基盤を強化していくためにも、同族での争いができるだけ少なくなるような形をつくることが必要です。

ホールディングカンパニー制度は、同族間の争いを事業に影響させないという意味では一つの解決策となります。

仮に、一族が事業の所有権について争った

ときに、争いはホールディングカンパニー側で処理してもらって、分社化された事業会社は、これまで通り事業を続けていきます。争いをしているうちに事業がおろそかになって会社が傾いてしまっては、意味がありませんから、ホールディングカンパニー制にしておいて、一族の争いを事業に影響させないようにすることも一つの方法と言えます。

■ホールディングカンパニーとは何か?

ホールディングカンパニー制度について具体的に見ていきましょう。ホールディングカンパニー制度とは、会社をいくつかの小さな会社に分けて、その上に持ち株会社を創るという形式です。

大手企業では、ホールディングカンパニー制度を採用しているところはたくさんあります。例えば、セブン&アイ・ホールディングス(セブン‐イレブン・ジャパン、イトーヨーカ堂、セブン銀行、そごう・西武ほか)、ヤマトホールディングス(ヤマト運輸ほか)などがホールディングカンパニーです。

大手企業の場合は、もともと存在していた会社をグループ化して、その上にホールディングカンパニーを創るといった形になることが多いですが、中小企業の事業承継でホール

図12　ホールディングカンパニー（持ち株会社）

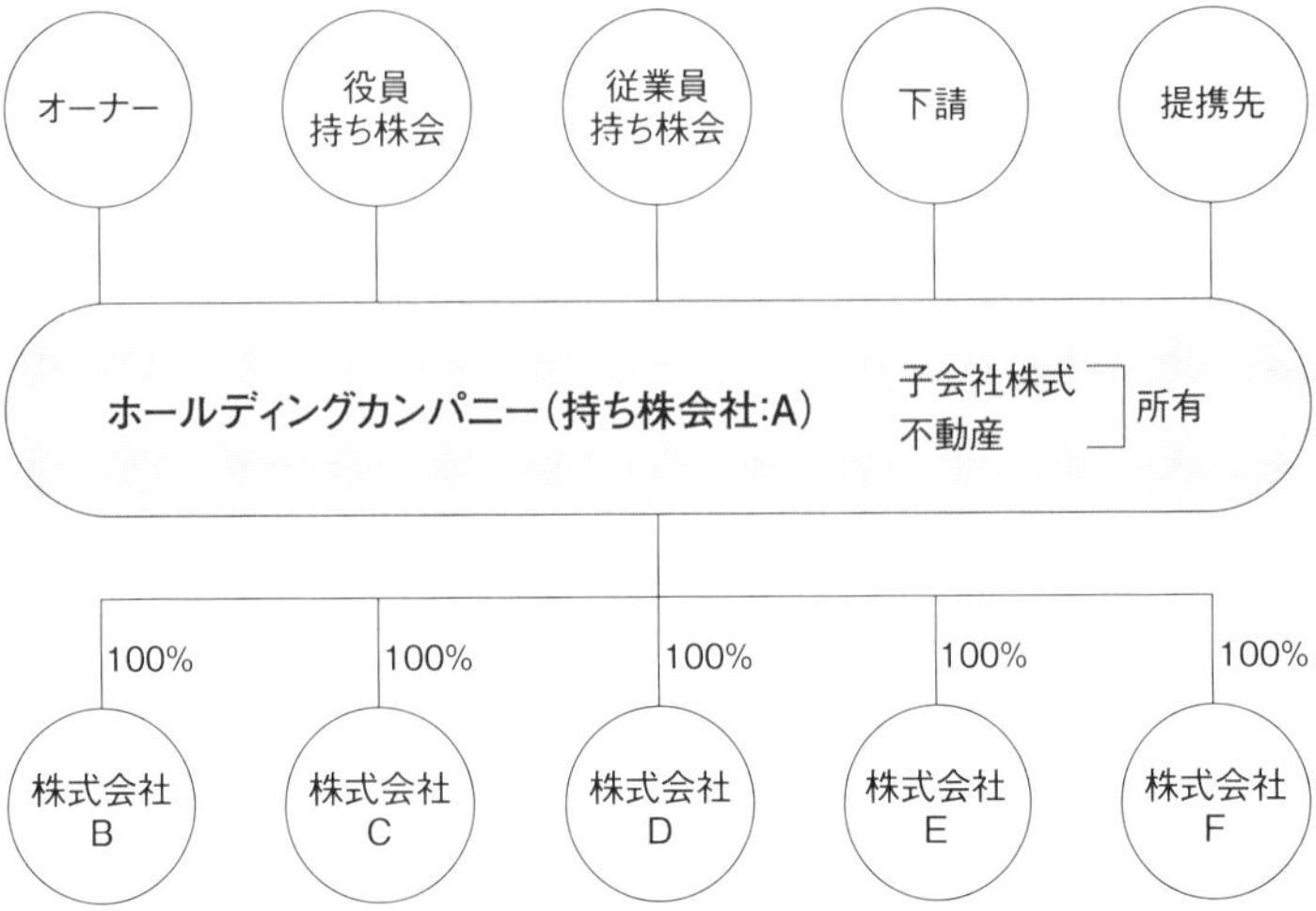

ディングカンパニー制度にする場合は、一つの会社を分社して、会社を三つ、四つ創るというような形をイメージしていただければいいと思います。

例えば、一〇〇人の会社を、三〇人、三〇人、三〇人の三つの会社に分けてそれぞれ社長を置きます。各会社では、それぞれ事業を行います。その上にホールディングカンパニーを創って、一〇人くらいで管理的な仕事だけをするというような制度です。

一〇〇人の規模の会社の社長をするには、それなりの器が必要です。器のない人が経営すると、すぐに会社は傾いていってしまいます。しかし、一〇〇人の会社の経営はできなくても、二〇～三〇人の会社なら運営できる人はたくさんいます。三〇人くらいの小さな会社に分けて、そこの社長になっていただき経営してもらえばいいのです。

また、人間にはそれぞれ得意分野があります。営業が得意な人、経理が得意な人、技術開発が得意な人など様々です。営業が得意な人は、営業会社で働いてもらい、技術開発が得意な人は、研究会社で働いてもらうこともできます。

食品会社などでは、食品の製造販売とともに、レストランなどの飲食店の経営をしていることもあります。そういうときには、食品部門とレストラン部門を別会社にすることは管理上の利便性もあります。

例えば、食品部門が九～一七時の営業時間で、レストランのほうは営業時間が一六～二三時で土日も営業というようなケースがあるかもしれません。それぞれの部門ごとに別々に労務管理をしたほうが効率的です。そこで、二つの会社に分けて、二人の社長を置いて、独立して運営するという方法も考えられるのです。

■小規模の会社の社長なら務まる人はいる

事業承継を考えている中小企業にとっても、ホールディングカンパニー制度はメリットのある方法の一つです。

ホールディングカンパニーの社長は、通常は借金の保証人を引き受けなければいけませんので、息子などの身内にやってもらったほうが無理がありません。息子は、社長の座を手に入れることができます。

子会社である事業会社のほうは、利益を生む源泉ですから、社員の中で最も経営能力がある人に社長を任せます。子会社の社長は借金の保証人をする必要はありませんので、保証人の心配をすることなく、利益をあげることに専念してもらいます。

この方式を採れば、社長の息子が仮に能力が低い場合でも、事業経営には携わらせない形で社長の座だけを譲ることができます。息子に事業経営をさせると会社はつぶれてしまいかねませんので、事業経営には携わらせず、経営は有能な社員にやってもらいます。息子にはホールディングカンパニーの社長として、財産管理のような仕事だけをしてもらうのです。

能力に不安のある後継ぎの場合は、ホールディングカンパニー制度を活用することも一つの生き残りの方法だと思います。また、能力のある後継ぎだとしても、仕組みとしてつくっておくと、その次の代、さらにその次の代に残していくときに、有効かもしれません。

こうして、それぞれの人を適した場所で処遇することによって、トップのリーダーシップがなくても、うまく事業を継続させることができるようになる場合もあります。

■分社化で責任を明確にできる

ホールディングカンパニーのメリットとしては、分社することによって、各分社の経営責任を明確にできることも挙げられます。

一つの会社として経営している場合は、各部門は決算書をつくる必要はありません。しかし、分社されて、それぞれが独立した会社になれば、会社ごとに決算書をつくらなければならなくなります。そうすると、責任の所在がより明確化します。

例えば、レストランを経営している食品メーカーが、食品部門とレストラン部門を分社したとしましょう。

もしレストラン子会社が赤字になった場合には、その子会社のBS（貸借対照表）上の金額は減少しますから、減った額を踏まえた上で、翌期をスタートしなければなりません。逆に、黒字であれば、BS上の資産を増やした状態で、翌期の経営を考えることができます。

一方、レストラン部門が食品メーカーの一部門だった場合は、レストラン部門が決算書をつくる必要はありませんので、赤字を出しても、翌期に入った時点でチャラになり、ゼロからスタートすることになります。頑張って黒字を出したとしても、こちらも翌期はゼロからのスタートです。

つまり、部門ですと、これまで積み上げてきた利益や、これまでに出してしまった損失に責任を負うことなく、ゼロの状態から、翌期の運営ができるということになります。

分社化して、各事業会社ごとに決算書をつくれば、累積赤字の責任の所在も明確になり、より責任を持った経営を求められるようになります。

■ホールディングカンパニー制度には課題もある

ホールディングカンパニー制度には、事前に解決しておかなければならない課題がいくつもありますので、それらについても見ておきたいと思います。

優秀な社員に事業会社を任せると、中には、権限を使って不正を働く人が出てくるかもしれません。そういう部分をチェックする機能を持たせておかなければいけません。

その反対に、事業会社の社長をボロ雑巾のように働かせるだけ働かせようという魂胆では、誰も社長を引き受けてはくれません。それなりの見返りがないとやってくれないはずです。一定額以上の報酬をきちんと支払う必要がありますし、定年を六十五歳、七十歳にしたり、退任後も顧問として処遇したりするなど、メリットをつくっておく必要がありまず。あるいは、一〇年間で会社の利益をあげたら、その何割かは報酬として配分するといったインセンティブも決めておかないといけません。社長になって、責任だけかぶせられて、得することがなければ、誰も一生懸命に働いてはくれません。

また、分社をするとそれぞれが決算書を出す必要があり、全体を見るための連結決算も必要になります。人事制度も、どこに権限があるのかを明確にしておかなければいけません。それぞれの事業会社に人事権を持たせる場合もありますし、ホールディングカンパニーのほうに人事権を持たせておくこともできます。ホールディングカンパニーで採用して、事業会社間の人事異動ができるようにしているところもあります。

このように、いくつも事前にルールを決めておかないといけないので、大変なことは大変です。大変だからこそ、我々専門家の仕事が成り立っているとも言えます。

規模的には、一〇〇人とか二〇〇人といった規模の会社に適しているのではないかと思います。先日、五名の会社の方がご相談にいらっしゃいましたが、これはちょっと分社しようがありませんでした。

他にも、ホールディングカンパニーのデメリットはあります。それは設立に時間がかかることです。一年どころか二年以上かかる場合もあります。私どものお客様で五年かかったところもあります。許認可の問題もあって、時間がかかる場合があるのです。

また、株主さんの同意を得られないケースも出てきます。株主さんの利害を調整しないと、うまくホールディングカンパニーを創ることはできません。

■社長になれることは、中小企業の社員のやる気を高める

ホールディングカンパニー制度には、課題もたくさんありますが、それでも、これからの時代には、選択肢として頭に入れておいていい制度の一つだと思います。

中小企業が発展していくには、社員の活性化、人づくりが不可欠です。ホールディングカンパニー制度は、社員のモチベーションを高め、社内を活性化する効果も持っています。これは、大きなメリットだと思います。

中小企業に入社した人たちは、ほとんどの場合、自分が社長になれるとは思っていません。オーナーの息子やオーナー一族が代々社長を継いでいくはずだと考えています。また、何度か触れたように、借金のある会社では、社長が保証人になりますから、社員の側は保証人を引き受けてまで社長になりたいとは思っていません。

しかし、ホールディングカンパニー制度にすれば、一族でなくても、子会社の社長に就任することができます。能力があれば、社長になれるのです。保証人になる必要もありません。

社長になれるということは、サラリーマンにとっては、大きなモチベーションの一つです。社員のやる気を引き出す上でも、会社を分社して、能力のある人を何人も社長にしていくのは良い戦略だと思います。

子会社の社長として実績を積めば、場合によっては、一族以外でもホールディングカンパニーの社長にしてもいいかもしれません。借金のない会社なら、とても有効な手です。あるいは、一族の中で候補者が何人かいるときに、それぞれをまず子会社の社長にして、競争させて、実績をあげた者をホールディングカンパニーの社長に昇格させるという方法もあります。

社長ポストをいくつか用意して目標となるものを提示することは、中小企業の社員活性化のためにはとても有効です。

何よりも重要なことは、繰り返し述べてきましたように、人を育てることです。人づくりの面から、ホールディングカンパニー制度を検討してみるのも良いのではないかと思います。

大きな会社も小さな会社もみな、人を育て、人を大切にしていき、今ある老舗企業のように、一〇〇年後、二〇〇年後にも敬意を払われながら残っている、そんなすばらしい会社が日本にたくさんできることを私は願っています。

あとがき

本書では、一〇〇年続く企業になるための経営ノウハウを、ご紹介させていただきました。

一言でまとめるなら、経営にとって一番大切なものは、経営理念（あるいは家訓）と、それに基づいた人づくり、ということになります。

理念を大切にし、人を大切にしている企業は、一〇〇年、二〇〇年と続いていきます。その反対に、理念もなく、社員を大切にしていない企業は、現在は業績が良いとしても長続きはせず、やがて衰退していきます。

また、企業が一〇〇年続くには、困難を乗り越えていく力も必要です。一〇〇年もの間には、いくつもの困難に出くわします。震災、戦争など、予期せぬ出来事も起こり、それらの困難をどう乗り越えていくのかが、生き残る企業になれるかどうかの大きな分かれ目となります。

二〇一一年には、東日本大震災が起こりました。

東日本大震災は、本当に大きな衝撃でした。私は、震災後に、被災地へ行ってヘドロ掻きのお手伝いをさせていただきましたが、現地は、言葉では言い表せないほどの状況でした。被災地の方々の悲しみは計り知れないだろうと感じました。

東日本大震災は、企業の経営者にとっても、大きな衝撃を与えました。震災をきっかけに経営が行き詰まっている企業もあります。

しかし、何も打つ手がないのかというと、そうではないと思います。経営者も社員も、困難な時期だからこそ、乗り越えていこうとする強い思いを持ち、知恵を絞って、打つ手を考えていくことが必要です。

本文でも述べましたが、とらやさん、榮太樓總本鋪さんなど、老舗企業と言われる企業の経営者の方々は、東日本大震災をきっかけに、ご自身の意識を変え、ますます強い企業にしようと、いくつもの手を打っていらっしゃいます。

とらやさんも、榮太樓總本鋪さんも、明治維新、関東大震災、第二次世界大戦など、これまでに数多くの困難を乗り越えてきている老舗企業です。戦後の売るものがない時期に、喫茶店をやったりするなど、苦労して事業を続けてこられており、その経験が、困難を乗り越える伝統として受け継がれてきているのでしょう。

どんな困難にあっても、外部環境のせいにせず、自分たちの意識を変え、商売の仕方を変えて乗り越えていく。それこそが、企業を一〇〇年続けていく神髄と言っていいのかもしれません。

父が四代目として受け継いできたTOMAグループも、おかげさまで今年で一二〇年になりました。一二〇年の歴史の中には、関東大震災や太平洋戦争など、様々な困難の時期があり、それを私の先代たちが乗り越えてきてくれました。私も、その精神を受け継いでいきたいと思っています。

私たちTOMAグループの経営理念は、「明るく・元気・前向き」です。この理念のもとに、多くの企業のみなさんが、明るく、元気に、前向きになれるようにと、社員一同日々取り組んでおります。

本書も、読者のみなさんが、少しでも「明るく・元気・前向き」になれるようにと願って、書かせていただきました。

震災後の日本は、大変厳しい状況に置かれています。だからこそ、何とかしてみんなの力で復興させ、さらに発展させていかなければなりません。それには、各企業レベルでも、苦しい時期を乗り越えて、企業をさらに強くしていく必要があると思います。

日本には、世界で一番多くの一〇〇年企業が存在しています。それは、日本の企業が、これまでに、震災、戦争、不況など数多くの困難を乗り越えてきたということの証《あかし》です。私たち日本人は、困難を乗り越えることができる国民なのです。

厳しい経営環境にあっても、その困難を乗り越えて、みなさんの会社が、ぜひ、一〇〇年、二〇〇年と続く企業となっていただけますよう、心から、お祈りしております。本書がその一助となれば、著者としてこれほど嬉しいことはありません。

最後に、本書を発刊するにあたり、ＴＯＭＡグループ社員、藤間家の家族、ＰＨＰ研究所学芸出版部の瀬田成俊さん、法人普及一部の杉田大和さんに、大変お世話になりました。ありがとうございました。心より御礼を申し上げます。

平成二十三年九月

藤間秋男

〈著者略歴〉
藤間秋男（とうま　あきお）
公認会計士、税理士、中小企業診断士、行政書士、ファイナンシャルプランナー
1952年生まれ。1975年慶應義塾大学卒業。1982年藤間公認会計士税理士事務所設立。総勢150名の専門家集団ＴＯＭＡコンサルタンツグループの代表。
趣味：仕事・食・酒・カラオケ・コンサート

【ＴＯＭＡコンサルタンツグループ】
公認会計士８名、税理士24名、国税局ＯＢ顧問税理士５名、社会保険労務士８名、司法書士２名、経営コンサルタント10名他、総勢150名の専門家を擁する総合コンサルティングプロ集団。グループ創業120年。「明るく・元気・前向き」を理念に、企業が永続発展する仕組みづくりを強力に支援している。創業から節税対策、税務調査対応、経理合理化、利益を出す仕組み、経営計画、人事労務、事業承継、相続対策、資産活用……等、専門特化部を設置しワン・ストップで完全対応。あらゆる問題解決にスピーディに対応できる体制を整える。

代表　03-5201-6555
フリーダイヤル　0120-944-733
HPアドレス　http://www.toma.co.jp

どんな危機にも打ち勝つ100年企業の法則
老舗企業に学ぶ「儲かる仕組み・人をつくる仕組み」

2011年10月26日　第1版第1刷発行

著　者　藤間秋男
発行者　安藤卓
発行所　株式会社ＰＨＰ研究所
東京本部　〒102-8331　千代田区一番町21
学芸出版部　☎03-3239-6221（編集）
普及一部　☎03-3239-6233（販売）
京都本部　〒601-8411　京都市南区西九条北ノ内町11
PHP INTERFACE　http://www.php.co.jp/

制作協力
組　版　株式会社PHPエディターズ・グループ
印刷所
製本所　図書印刷株式会社

ISBN978-4-569-79963-6